I

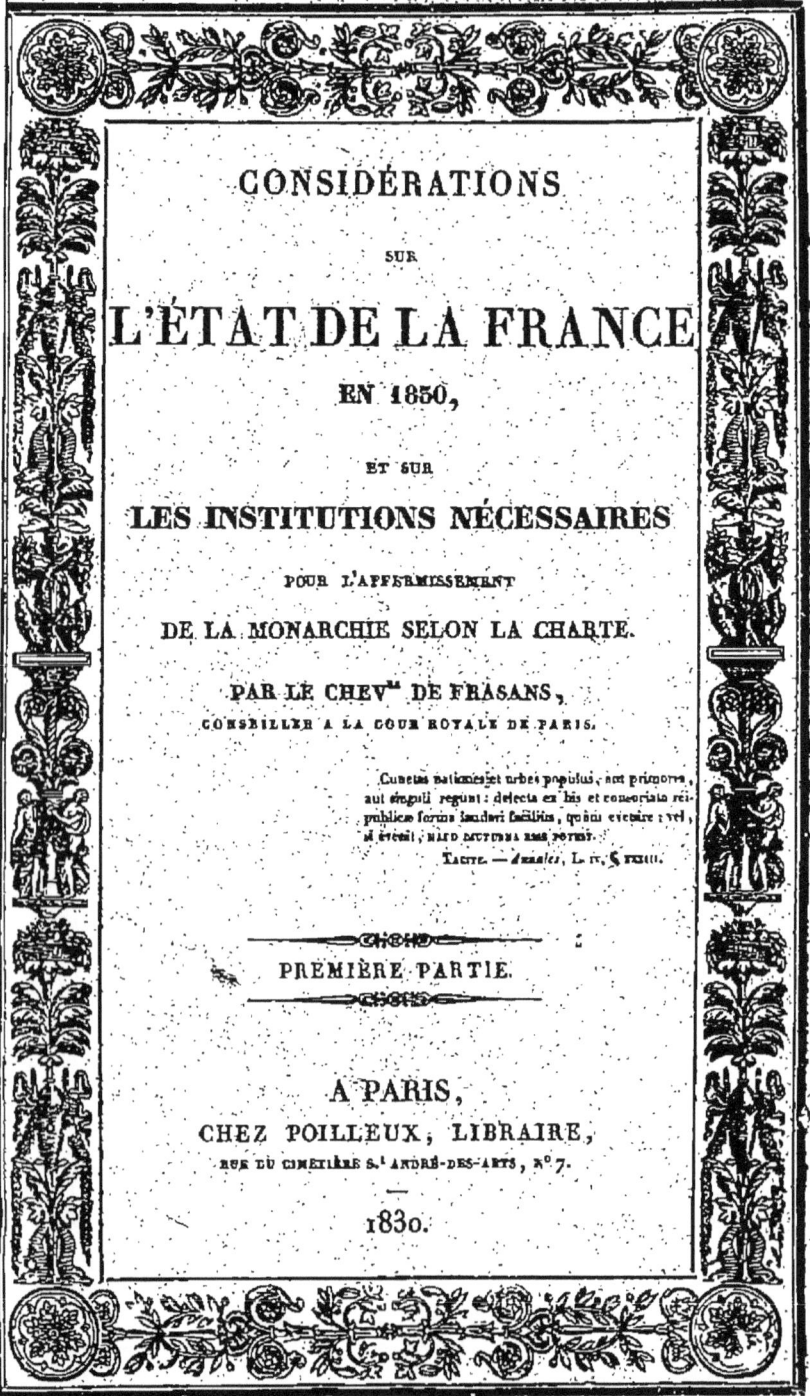

CONSIDÉRATIONS

SUR

L'ÉTAT DE LA FRANCE

EN 1850,

ET SUR

LES INSTITUTIONS NÉCESSAIRES

POUR L'AFFERMISSEMENT

DE LA MONARCHIE SELON LA CHARTE.

PAR LE CHEV" DE FRASANS,

CONSEILLER A LA COUR ROYALE DE PARIS.

Cunctas nationes et urbes populus, aut primores,
aut singuli regunt : delecta ex his et consociata rei-
publicæ forma laudari facilius, quàm evenire ; vel,
si evenit, haud diuturna esse potest.

TACITE. — *Annales*, L. IV, § XXXIII.

PREMIÈRE PARTIE.

A PARIS,

CHEZ POILLEUX, LIBRAIRE,

RUE DU CIMETIÈRE St ANDRÉ-DES-ARTS, N.° 7.

1830.

CONSIDÉRATIONS

sur

L'ÉTAT DE LA FRANCE

EN 1850, ETC.

IMPRIMERIE DE BÉTHUNE,
RUE PALATINE, N° 5, A PARIS.

CONSIDÉRATIONS

SUR

L'ÉTAT DE LA FRANCE

EN 1830,

ET SUR

LES INSTITUTIONS NÉCESSAIRES

POUR L'AFFERMISSEMENT

DE LA MONARCHIE SELON LA CHARTE.

PAR LE CHEV.ᴸᴿ DE FRASANS,

CONSEILLER A LA COUR ROYALE DE PARIS.

Cunctas nationes et urbes populus, aut primores,
aut singuli regunt : delecta ex his et consociata rei-
publicæ forma laudari faciliùs, quàm evenire, vel,
si evenit, HAUD DIUTURNA ESSE POTEST.

TACIT. — *Annales*, L. IV, § XXXIII

———

A PARIS,

CHEZ POILLEUX, LIBRAIRE,

RUE DU CIMETIÈRE S.ᵗ ANDRÉ-DES-ARTS, N° 7.

——

1830.

CONSIDÉRATIONS

SUR

L'ÉTAT DE LA FRANCE

EN 1850, ETC.

INTRODUCTION [1].

> Ille ego, qui quondam....

; Au moment où je me décide à rompre le silence que j'ai gardé, depuis plus de seize ans, sur nos affaires publiques, je crois devoir présenter à mes lecteurs

---

[1] Je sais combien les longues préfaces effrayent le plus grand nombre des lecteurs : je demande grâce et patience pour celle-ci, en faveur de la gravité du sujet que j'ai à traiter, et de la nécessité où

d'anciennes preuves de mon dévouement sans bornes à l'auguste famille des Bourbons, et quelques vestiges de la sorte de mission politique qu'autrefois je remplis volontairement pour son service.

Je dirai quels motifs me firent regarder cette mission comme terminée en 1814.

Je dirai pourquoi je reprends la plume en 1830.

INTRODUCTION.

Il fut un temps où l'on me comptait au nombre des écrivains royalistes de la capitale.

Dans ce temps-là, nous nous débattions sous les débris de l'autel et du trône : nous étions enchaînés encore, pour ainsi dire, au pied de l'échafaud sur lequel nos parens venaient de mêler leur sang

je me trouve de faire voir que je n'en suis pas à mon début dans la carrière de la politique. D'ailleurs, cette introduction fait partie intégrante de l'ouvrage, puisqu'elle expose la situation de la France, au moment où nous sommes.

au sang des plus illustres victimes de la révolution [1]. Les dangers qui nous menaçaient personnellement ne firent qu'enflammer notre zèle pour la bonne cause : nous osâmes former entre nous une ligue sainte, dont l'objet était de soulever l'opinion contre les oppresseurs de la France, et de préparer les voies au rétablissement de l'autorité légitime, pendant que les armées royales faisaient de nouveaux efforts, au-delà du Rhin et dans nos provinces de l'Ouest, pour triompher enfin de la rebellion.

Il fallait étendre notre influence sur tous les points du royaume : c'est dire assez qu'il fallait publier des journaux. Alors parurent la *Quotidienne*, les *Débats*, les *Nouvelles politiques*, le *Mémo-*

[1] Je perdis, à cette funeste époque, ma mère, ma sœur ainée, mon oncle (Messire Basset de la Marrelle, doyen des présidens du Grand-Conseil), sa femme et son fils unique; tous immolés à Paris, les 7 et 9 juillet 1794.

rial, l'*Invariable*, le *Miroir*, les *Annales universelles* [1], etc. , etc. Nos nom-
breux abonnés peuvent dire aujourd'hui
si nous remplîmes dignement la tâche
que nous nous étions imposée. A cette
époque, rien ne gênait notre courage :
les ennemis que nous avions à combattre
se montraient à découvert, c'étaient tous
ceux qui se disaient hautement les ennemis de la religion et de la monarchie;
nous savions à qui porter nos coups;
nous frappions sans ménagement; nous
avions fait d'avance le sacrifice de notre
vie, pour le cas où les événemens ne ré-
pondraient pas à nos vœux.

Peut-être offrirai-je un jour au public
le recueil de tous les articles que je donnai, pour ma part, dans les *Annales
universelles*. Je déclare toutefois que je
ne m'y déciderai qu'autant que la presse

---

[1] Je fus fondateur, seul propriétaire et principal
rédacteur de ce dernier journal, dont chaque feuille
portait ma signature.

continuerait de répandre, au grand scandale des honnêtes gens, tant de *Mémoi-
res* infâmes, qui ont pour objet de rappeler et de préconiser des noms auxquels
se rattachent les plus déplorables souvenirs. Si ce recueil voit jamais le jour, on
pourra juger du degré de courage avec
lequel j'attaquais les hommes de la *Con-
vention*, et autres grands révolutionnaires, dont les discours, les écrits, ou les
actions tendaient à comprimer l'impul-
sion de royalisme qui, en 1797, se ma-
nifestait dans l'intérieur de la France. Je
dirai seulement ici que Buonaparte fut
celui auquel je m'attachai *corps-à-corps*,
et dont je ne cessai de signaler les projets
et les manœuvres, comme me parais-
sant menacer l'Europe des plus grands
malheurs.

Le trop fameux Corse était alors en
Italie, à la tête de l'armée française : il
venait d'envahir et de renverser, par la
plus injuste agression, les antiques états
de Gênes et de Venise. Je publiais à ce

sujet les deux éloquentes philippiques de
Mallet-Dupan, et, ajoutant quelques ré-
flexions aux siennes, je terminais par
le passage suivant : « Si encore ces
» conquêtes en Italie pouvaient avoir
» quelques résultats durables pour l'a-
» grandissement et la prospérité de la
» France !... Mais l'histoire de vingt siè-
» cles ne nous apprend-elle pas qu'une
» barrière éternelle sépare les deux pays ?
» N'avons-nous pas assez de fois été
» forcés de reconnaître combien est ir-
» révocable cette sentence de Tite-Live :
» *Non sine providentissimo deorum im-*
» *mortalium consilio, Alpes Italiam et*
» *Galliam diviserunt ?* Voyez, d'un côté,
» les légions romaines chassées de la
» Gaule, après une assez longue occu-
» pation, toujours troublée par des sou-
» lèvemens. Voyez, d'autre part, toutes
» les irruptions des Français en Italie,
» sous les diverses races de nos rois : que
» nous est-il resté des triomphes de Char-
» lemagne, de Charles VIII, de Louis XII

» et de Louis XIV ?... Il est donc évident
» que les campages de Buonaparte au-
» delà des Alpes ne seront utiles qu'à
» lui-même, parce qu'elles lui feront un
» grand renom militaire, dont son am-
» bition, ne manquera pas de profiter
» pour opérer un bouleversement géné-
» ral dans le monde civilisé, etc. »

Une dépêche de Buonaparte au directoire, en date du 14 thermidor an v,
rendait compte de l'expédition navale
qu'il avait envoyée *pour porter la liberté
à Corfou et dans toutes les autres îles
du golfe de Venise.* Cette dépêche finissait ainsi : « Le chef des *Maniotes*, peuple vrai descendant des Spartiates, et
qui occupe la péninsule où est situé le
cap Matapan (la Morée), m'a envoyé
un des principaux du pays, pour me
marquer le désir qu'il aurait de voir dans
son port quelques vaisseaux français, et
d'être utile en quelque chose au *grand
peuple.* Je lui ai répondu la lettre dont
vous trouverez ci-joint la copie. »

« *Lettre du général en chef Buonaparte, au chef*
des Maniotes.

» Milan, 13 thermidor an v.

» Le consul de la république fran-
» çaise à Trieste m'a instruit de l'atten-
» tion qu'avait eue votre seigneurie de
» m'envoyer une députation pour me
» faire connaître le désir qu'elle avait de
» voir dans son port des bâtimens fran-
» çais, etc.

» Les Français estiment le petit, mais
» brave peuple *maniote*, qui, seul de
» l'ancienne Grèce, a su conserver sa
» liberté. Dans toutes les circonstances
» qui pourront se présenter, ils lui don-
» neront toujours des marques de leur
» protection, et prendront un soin par-
» ticulier de *favoriser ses bâtimens*, etc.

» La première fois que quelques uns
» des parens de votre seigneurie auront
» occasion de venir en Italie ; je la prie
» de vouloir bien me les adresser : j'au-

» rais un vrai plaisir à leur donner des
» marques de l'*estime* que j'ai pour votre
» personne et vos compatriotes.

» Signé, BUONAPARTE. »

J'insérai ces dépêches dans mes *Annales universelles*, sous la date du 22 thermidor an v (9 août 1797), en les ac-
compagnant d'une note ainsi conçue :

« Les *estimables* Maniotes se disent,
» il est vrai, descendans des Spartiates ;
» il est vrai que les Turcs n'ont pu, jus-
» qu'à présent, les soumettre à leur do-
» mination, parce qu'ils habitent des
» rochers inaccessibles, vers la pointe
» méridionale de la Morée. Mais il n'est
» pas moins vrai que ce peuple ne forme
» qu'une horde de brigands et d'écu-
» meurs de mers, qui ne vivent que de
» rapines. Leurs bâtimens, auxquels
» Buonaparte promet *ses faveurs*, infes-
» tent l'Archipel, attaquent tous ceux
» des Chrétiens, des Turcs, et même
» des Grecs, qu'ils ne croient pas assez

» forts pour leur résister. Ils coulent bas
» toutes leurs prises, après avoir enlevé
» les marchandises et coupé la tête aux
» prisonniers. En un mot, les *forbans*,
» auxquels la frégate française la *Féli-*
» *cité*, commandée par M. le comte de
» Saint-Félix, donna une chasse mémo-
» rable, en 1788, sont presque tous des
» *Maniotes*. De pareils Spartiates sont
» bien dignes de fraterniser avec les Gau-
» lois du moderne *Brennus*[1] ! »

Au milieu de ses triomphes en Italie,
Buonaparte s'occupait toujours de ce
qui se passait en France, comme si,
dès cette époque, il se fût cru destiné à
y commander un jour en maître absolu.
Il faisait imprimer à son quartier-géné-
ral de Milan une gazette, en langue
française, intitulée *la France vue de*

---

[1] Je parlais de ce fait historique comme témoin
oculaire, m'étant trouvé à Smyrne au moment où
M. le comte de Saint-Félix y amena un bâtiment
des pirates, dont il s'était emparé après un combat
sanglant qui eut lieu près de l'île de Cerigo.

l'armée d'Italie, dont il avait confié la rédaction à Regnaud (de Saint-Jean d'Angely). Je reçus les deux premiers numéros de ce journal, et voici l'accueil que je leur fis dans mes *Annales univer-selles*, du 25 août 1797 : « Il paraît que
» l'auteur ne s'est engagé ni à bien
» écrire, ni à raisonner juste, ni à res-
» pecter la vérité.... Le début, au reste,
» prouve déjà suffisamment que *la Fran-*
» *ce*, *vue de l'armée d'Italie*, est très
» mal *vue* par le *citoyen* Regnaud : car
» il *voit* le corps-législatif conspirant
» pour renverser le directoire ; il *voit* la
» nation entière tendant les bras à Buo-
» naparte, pour inviter ce général à ve-
» nir la délivrer du royalisme. Sur cette
» *vision*, il s'écrie : *Oui, Buonaparte*
» *franchira les Alpes*, *s'il croit son se-*
» *cours nécessaire au gouvernement !*
» TREMBLEZ, FACTIEUX, etc., etc.... —
» Eh ! calmez-vous, *citoyen !* montez-
» vous même au sommet des Alpes ;
» promenez vos regards sur la France,

» et vous *verrez* que Buonaparte n'est ni
» désiré , ni craint. Vous *verrez* aussi
» qu'il n'y a d'autres factieux parmi les
» Français que ceux à qui vous vendez
» votre triste éloquence. »

Ces menaces du Séïde-Journaliste n'é-
taient que l'écho de ce qu'avait publié le
général en chef lui-même, quelques jours
auparavant, par une espèce d'ordre du
jour à son armée , ainsi conçu :

« Soldats ,

» C'est aujourd'hui l'anniversaire du
» 14 juillet. Vous voyez devant vous les
» noms de nos compagnons d'armes
» morts au champ d'honneur, pour la
» liberté de la patrie. Ils vous ont donné
» l'exemple : vous vous devez tout en-
» tiers à la république ; vous vous devez
» tout entiers au bonheur de trente mil-
» lions de Français ; vous vous devez
» tout entiers à la gloire de ce nom , qui
» a reçu un nouvel éclat par vos victoires.

» Soldats! je sais que vous êtes pro-
» fondément affligés des malheurs qui
» menacent la patrie : mais la patrie ne
» peut courir de dangers réels. Les mê-
» mes hommes qui l'ont fait triompher
» de l'Europe coalisée, *sont là*. Des mon-
» tagnes nous séparent de la France ;
» vous les franchiriez, avec la rapidité de
» l'aigle, s'il le fallait, pour maintenir la
» constitution, défendre la liberté, pro-
» téger le gouvernement et les républi-
» cains.

» Soldats! le gouvernement veille sur
» le dépôt des lois qui lui est confié. Les
» royalistes, dès l'instant qu'ils se mon-
» treront, *auront vécu !*... Soyez sans in-
» quiétude, et *jurons, par les mânes des*
» *héros qui sont morts à côté de nous*
» *pour la liberté, jurons sur nos nou-*
» *veaux drapeaux*, GUERRE IMPLACA-
» BLE AUX ENNEMIS DE LA RÉPUBLIQUE
» ET DE LA CONSTITUTION DE L'AN TROIS. »

Les *triumvirs* du directoire avaient
fait insérer cette harangue, le 22 juillet,

dans leur feuille officielle (le *Rédacteur*);
je la publiai moi-même, le lendemain,
dans les *Annales universelles*, avec la
note suivante : « Nous prévenons nos
» lecteurs que la proclamation de Buo-
» naparte est ici transcrite telle que nous
» la trouvons dans le *Rédacteur*, et que
» ce n'est pas nous qui cherchons à
» rendre les cinq dernières lignes plus
» remarquables, par le changement des
» caractères d'impression.... Nous de-
» mandons maintenant si l'on peut dou-
» ter que le directoire, en la publiant,
» ait l'intention de faire trembler le corps
» législatif, et de préparer les troupes de
» l'intérieur à la guerre civile. De quels
» maux sommes-nous menacés!.. *Tyrans!*
» *vous comptez sur* BUONAPARTE!.. *La*
» *France compte sur* PICHEGRU! »....
Malheureusement, Pichegru pensa,
dans cette crise politique, qu'il ne devait
pas sortir de son caractère de *membre*
du corps législatif; il ne voulut point
faire usage de son influence militaire; il

résista aux pressantes sollicitations des Parisiens qui le priaient de se mettre à leur tête, pour prévenir par un coup de main l'attaque à laquelle se préparaient les *triumvirs*. La catastrophe du *dix-huit fructidor* arriva ! Les royalistes se virent arracher, dans cette fatale journée, tout le fruit de leurs travaux ; ils restèrent livrés à la vengeance du parti révolution-naire, qui voulut bien toutefois se contenter de la déportation des vaincus.

Ainsi je fus embarqué pour Cayenne, après neuf mois de détention dans la tour du Temple.

A mon arrivée dans la Guianne française, j'appris que Pichegru, Barthélemy, Barbé de Marbois, et autres, étaient parvenus à s'échapper ; mais j'eus la douleur de voir mourir un respectable membre du *conseil des Anciens*, Gibert-Desmolières, avec qui je m'étais lié intimement au Temple, et qui avait subi la déportation deux ou trois mois avant môi. Je ne tardai pas à trouver moyen de sortir moi-même de ce lieu d'exil forcé, et je me réfugiai dans l'île hospitalière de la Guadeloupe, où je résolus d'attendre des temps meilleurs : bientôt j'y épousai la fille d'un des plus respectables habitans.

La tranquillité dont je jouissais dans cette dernière colonie ne fut pas de longue durée : une insurrection générale des nègres y éclata en 1801, et peu s'en fallut qu'elle ne fût réduite à la situation où se trouvait déjà Saint-Domingue, c'est-à-dire, que tous les *blancs* ne fussent massacrés, et leurs propriétés incendiées.

Dans ce danger imminent, les colons de la Guadeloupe m'honorèrent d'assez de confiance pour m'investir d'une autorité provisoire qui ne trompa point leur attente, puisque je réussis à éviter toute effusion de sang, et à contenir les révoltés pendant sept mois, jusqu'à ce qu'il arrivât de France une escadre, avec

six mille hommes de troupes, comman-
dées par le général Richepance.

Si je rappelle cet événement, c'est
parce que je sens le besoin de faire voir
que je montrai la force d'âme, la prudence et l'adresse nécessaires pour sauver cette importante colonie des plus
grands périls.

J'avais rendu un signalé service à la
Guadeloupe, et par conséquent à la métropole : j'avais droit sinon à des ré-
compenses, du moins à des remercîmens.
Mais Buonaparte était alors *premier
consul*, et pouvais-je compter sur sa justice? Ne devais-je pas craindre plutôt
qu'il n'eût gardé rancune à l'éditeur des
Annales universelles ?.... Obligé de passer en France, avec les collègues qui
m'avaient secondé dans le gouvernement
temporaire de la Guadeloupe, j'appris,
en débarquant à Brest, que plusieurs
articles du *Moniteur* venaient de nous
déclarer coupables d'être *auteurs et fau-
teurs de l'insurrection*, dont au contraire

2

tous les habitans de la colonie eussent
été victimes, sans les heureux efforts de,
notre dévouement. Nous fûmes arrêtés
dans le port, et mis au secret, le plus
rigoureux pendant plus de trois mois.
Transférés ensuite, à Paris, de brigade
en brigade, nous demeurâmes écroués
à la Conciergerie pendant une année
entière que dura l'instruction d'un procès capital devant la *cour spéciale, cri-*
minelle. Dans cette fâcheuse position, il
me fut facile de comprendre que l'accusation portée contre les membres du
gouvernement provisoire de la Guadeloupe, ne pouvait être victorieusement
combattue que par un éclat extraordi-
naire dans la défense. Je travaillai donc
à un mémoire tout à la fois historique
et justificatif, dont la publication frappa
d'un tel coup l'opinion publique, et produisit une si forte impression sur les magistrats, que la cour spéciale fit savoir
au premier consul qu'il devenait indis-
pensable, pour le jugement de la cause,

de décerner un mandat de comparution contre l'agent du gouvérnemént consulaire qui commandait à la Guadeloupe à l'époque où l'insurrection des nègres y éclata. Le mémoire, en effet, démontrait que la seule cause de l'insurrection avait été la conduite désordonnée de cet agent du gouvernement de la métropole.

§ Mémoire pour les Habitans de la Guadeloupe, etc., etc, 2 vol: in-8°. — Août 1803. — Imprimerie de Porthmann.

Je dois déclarer que je fus aidé dans la rédaction de cet ouvrage, par M° Langloys, avocat, qui avoit été mon collaborateur aux *Annales universelles*, et qui, atteint de la maladie de langueur dont il mourut peu de mois après, voulut néanmoins me donner cette dernière marque de son attachement.

Les anciens du barreau de Paris n'ont pas oublié l'effet presque prodigieux que fit la publication du mémoire que je rappelle ici, et dont plus de deux mille exemplaires furent distribués dans un jour. On le comparait aux plaidoyers de Cicéron contre Vérrès, et, en effet, sous le rapport du sujet, il présentait des similitudes frappantes; il surpassait même le modèle, pour l'intérêt et l'importance des faits : cela ne veut pas dire toutefois qu'il pût soutenir la comparaison sous le rapport de l'éloquence.

Buonaparte ne voulut pas voir retomber tout le poids de l'accusation sur le
dépositaire de son pouvoir : il donna
l'ordre d'arrêter la procédure, et les
accusés furent mis en liberté.

Ainsi, je puis dire que l'énergie de
mon caractère me fit sortir sain et sauf
de ce terrible procès, et que Buonaparte recula, en quelque sorte, devant la
difficulté d'accomplir le projet qu'il avait
conçu de me faire périr sur l'échafaud.
Mais ce procès n'en eut pas moins pour
moi de tristes conséquence, puisque je
fus ruiné par les frais énormes qu'il
m'occasiona, lorsque déjà l'exercice
gratuit, pendant sept mois, de mes fonctions administratives à la Guadeloupe
m'avait fait sacrifier une partie de ma
fortune, ou plutôt de celle de ma femme;
car j'avais été ruiné personnellement par
ma déportation.

Quoi qu'il en soit, je profitai de ma
liberté pour retourner quelque temps

après en Amérique, où me rappelaient des intérêts de famille[1].

Plus tard, j'eus une autre occasion d'écrire pour la défense de la légitimité; et cette fois, il s'agissait de protester contre l'état de choses résultant de l'odieuse usurpation de Buonaparte parvenu au *trône impérial.*

C'était au commencement de l'année 1810. L'Europe presque entière gémissait sous la domination de ce *fléau de Dieu*, qui, séduisant la valeur des Français par le prestige de la gloire militaire, les fit servir si malheureusement à fonder son despotisme. Les royaumes de Naples, d'Italie, de Westphalie et de Hollande obéissaient *à des princes de sa*

[1] S. M. Louis XVIII, au mois de novembre 1814, sur un rapport de M. le comte Ferrand, tenant alors le porte-feuille du ministère de la marine et des colonies, daigna m'accorder la croix de la Légion-d'Honneur, en considération des services dont je viens de parler.

dynastie; la Saxe, la Bavière, le Wur-
temberg et le grand-duché de Bade
étaient également dans sa dépendance,
puisque les chefs de ces États tenaient de
lui leur souveraineté; la Suède s'attachait à sa cause, puisqu'elle abandonnait
celle de l'infortuné Gustave IV, pour
se soumettre à un autre usurpateur [1]; le
Danemarck, à son instigation, se met-
tait en hostilité contre l'Angleterre; le roi
de Prusse avait cédé aux circonstances,
jusqu'au point de devenir son allié;
l'empereur de Russie l'avait reconnu
pour frère; l'empereur d'Autriche, moderne Agamemnon, venait de lui sacrifier une Iphigénie pour détourner de
nouveaux orages; enfin, l'Espagne et le
Portugal, envahis par ses armées, à la
suite de la plus infâme trahison, semblaient ne pouvoir soutenir long-temps
encore la belle résistance qu'ils lui op-

[1] Le duc de Sudermanie., qui, depuis, transmit
la couronne à Bernadotte.

posaient depuis deux ans... Telle était la puissance du Corse !.. Tel fut le moment que je choisis pour lui dire :

« Tyran ! descends du trône, et fais place à ton maître !... »

J'étais encore à la Guadeloupe , et cette colonie venait récemment d'être occupée par des troupes anglaises : je me trouvais sous la protection de S. M. B., comme plusieurs autres publicistes émigrés, qui déjà depuis long-temps faisaient imprimer à Londres des ouvrages de la plus grande force , tandis qu'à Paris la presse , honteusement comprimée, n'avait d'activité que pour les bulletins mensongers , et pour les discours de l'adulation.

Dans cette circonstance, je crus que je devais donner encore une preuve de ma fidélité aux Bourbons : je publiai une feuille périodique , sous le titre de *Gazette de la Guadeloupe*, dont il parut cent vingt-sept numéros, depuis le 1er

mars 1810 jusqu'au 30 novembre 1811,
époque où des obstacles de forces ma-
jeure m'obligèrent d'abandonner ce tra-
vail.

J'avais établi des correspondances avec
Londres, Lisbonne et Cadix : j'étais parfaitement informé de ce qui se passait
en Espagne et en Portugal ; j'entre-
voyais les résultats qu'on pouvait raison-
nablement attendre des savantes manœuvres de lord Wellington, ainsi que du
courage héroïque des royalistes de la Péninsule, rehaussé par l'heureuse intervention d'une armée anglaise. Bientôt
aussi je fus frappé de la probabilité d'une
rupture prochaine entre l'empereur de
Russie et Buonaparte, au sujet du *blo-
cus continental* et de la Finlande. Dès
lors j'aperçus un double symptôme qui
présageait la chute inévitable du *colosse
aux pieds d'argile*, et je ne doutai pas
que la conséquence immédiate d'un tel
événement ne dût être le rétablissement
de la famille des Bourbons dans tous ses

droits ; car, après vingt-cinq ans de con-
vulsions politiques et de guerres désas-
treuses , l'Europe ne pouvait plus trouver de repos que dans le sein de la légitimité. Ma conviction fut si grande à cet
égard , que je ne balançai pas à la pro-
clamer, en style de prophétie, annon-
çant , deux et trois ans d'avance, tout ce
qu'on a vu depuis arriver.

Ainsi, relativement aux affaires d'Espagne , dès que je connus la belle adresse
de la *junte suprême*, publiée à Séville,
le 21 novembre 1809, et lorsque je vis
les premiers faits d'armes des corps de
guerillas organisés d'après un nouveau
système de défense, je m'exprimai bien
nettement dans un article qui finissait
en ces termes : « En vérité , en vérité ,
» je vous le dis : les armées de l'Espagne
» ont pu être dispersées ; mais le peuple
» espagnol reste , et il finira par triom-
» pher[1]. » — Peu de jours après , je don-

---

[1] *Gazette de la Guadeloupe*, du 15 avril 1810.

nais la traduction d'une autre adresse de
la junte suprême, en date du 20 décembre, 1809, et je me prononçais encore
de la manière suivante : « Les Espagnols
» continuent contre les armées de Buo-
» naparte une guerre plus meurtrière que
» celle qu'ils ont faite auparavant, avec
» des masses peu propres à soutenir le
» choc en rase campagne. Partout des
» partis se sont formés pour tomber ino-
» pinément sur les ennemis, pour arrê-
» ter leurs convois, enlever leurs gardes
» avancées, inquiéter leurs patrouilles,
» surprendre leurs traîneurs, attaquer
» quand on a la supériorité du nombre
» et l'avantage des positions, s'embus-
» quer lorsqu'on est obligé de recourir
» à la fuite ; enfin, se reproduire de tout
» côté, se multiplier par la rapidité des
» marches et la connaissance des che-
» mins. Telle est l'esquisse du plan au-
» quel les Espagnols ont eu nouvelle-
» ment recours, et qui nous paraît le
» seul duquel ils puissent attendre leur

» salut.... Toute la Catalogne vient de
» s'insurger... C'est ainsi que , dans un
» pays qui repousse le joug de l'usurpa-
» tion et de la tyrannie , les vengeurs de
» la liberté publique se lèvent inopiné-
» ment à la voix de quelques dignes
» chefs , s'arment quand tout espoir de
» succès paraissait évanoui, et marchent
» à la victoire quand on eût dit qu'ils
» n'avaient plus d'autre parti à prendre
» que celui de la soumission , etc. ¹ »

Une autre fois , publiant une proclamation de la *régence royale*, établie à
Cadix en remplacement de la junte suprême, j'ajoutais : « En Espagne, les
» choses vont de mieux en mieux pour
» la cause du souverain légitime : les ar-
» mées de l'usurpateur éprouvent de tous
» côtés une résistance qui , chaque jour,
» leur fait essuyer quelqu'échec ; chaque
» jour, l'impétuosité des généraux de
» Buonaparte se ralentit par des obstacles

¹ *Gazette de la Guadeloupe*, du 20 avril 1810.

» auxquels ils ne sont point accoutumés,
» et qui déconcertent la tactique de leurs
» campagnes d'Italie, d'Allemagne, de
» Prusse et de Pologne. La nation espa-
» gnole se sent vraiment faite pour l'in-
» dépendance : les proclamations de la
» régence royale ont électrisé les esprits
» et les cœurs ; on n'aspire qu'à secouer
» le joug du Corse, comme jadis on par-
» vint à chasser les barbares qui avaient
» envahi ces belles contrées [1]. »

S'agissait-il du Portugal, au moment
où le maréchal Masséna redoublait d'efforts pour arriver sous les murs de Lisbonne, je disais : « Le nouveau Fabius,
» lord Wellington, continue avec succès
» sa campagne d'observation : il arrête
» la marche de son bouillant adversaire ;
» il lui dispute le terrain pied à pied ; il
» intercepte les convois ; il donne le
» temps à la faim, à la maladie et au dé-
» couragement de produire leurs infail-

[1] *Gazette de la Guadeloupe*, du 25 octobre 1810.

i» libles effets. D'après sa dernière dé-
,» pêche , le corps d'armée commandé
» par le général Crawford a eu un enga-
» gement très-chaud ; où la valeur des
-» troupes britanniques s'est montrée ho-
i» norablement , et où les Portugais ont
» aussi fait preuve d'intrépidité , etc. .̈.
i» On est étonné de voir , dans la *Gazette*
» *de la Barbade*, du 16 de ce mois, le
,» rapport d'un capitaine du commerce ,
-» arrivant de Madère , qui déclare *qu'à*
!» *son départ de cette dernière île, il ve-*
i» *nait d'apprendre que tout était déses-*
,» *péré en Portugal ; que lord Wellington*
,» *avait été forcé à une retraite précipitée*
,» *sur Lisbonne, où à peine avait-il eu le*
,» *temps de faire embarquer les débris*
,» *de son armée:* — Non-seulement cette
,» mauvaise nouvelle n'a aucun caractère
» de vraisemblance ; mais encore elle se
,» trouve démentie par des pièces offi-
-icielles qui viennent de nous parvenir,
» et que nous traduisons pour les insérer
» dans notre prochain numéro. Nous

« nous bornons à donner aujourd'hui
» pour certain que lord Wellington,
» loin de songer à évacuer le Portugal,
» se promet de porter bientôt secours aux
» Espagnols, après avoir sauvé les Por-
» tugais. » —!Bientôt, en effet, j'eus
à publier successivement les sanglantes
défaites essuyées par Masséna dans la
Sierra de Busaco, dans les plaines de
Leria, et sous les lignes inexpugnables
de Torrès-Vedras; peu après ; son ex-
pulsion du Portugal ; l'entrée de lord
Wellington en Espagne, et la levée du
siége de Cadix, par suite de la victoire
que remporta le général Graham dans
l'île de Léon. Nous pouvons prédire
» (écrivais-je à propos de ces grandes
» nouvelles) que l'armée de Masséna
» finira par être entièrement détruite, ou
» par rester prisonnière entre les mains
» du vainqueur qui la poursuit. L'Enfant
» gâté de la Fortune ne pourra peut-

et que nous traduisons pour les insérer
au *Gazette de la Guadeloupe,* du 25 octobre 1810.

» être pas échappé de sa personne : il
» était venu dans la péninsule pour s'as-
» seoir sur un trône ; mais à la place de
» ce trône, il n'a trouvé que pierres d'a-
» choppement ; il avait été envoyé pour
» étendre l'empire de l'usurpateur : ses
» désastres semblent, au contraire, de-
» voir être suivis de la chute prochaine
» de cet empire. En effet si, après la dé-
» confiture des armées de Buonaparte
» en Portugal et en Espagne, la guerre
» éclate avec la Russie, comme tout
» l'annonce, bientôt l'Europe entière
» profitera de la circonstance pour se-
» couer le joug de son infâme oppres-
» seur. C'est alors que ce Buonaparte,
» qui ne s'est élevé si haut que par les
» perfidies, les trahisons et les forfaits
» les plus épouvantables, qui est devenu
» l'objet de la juste exécration du genre

Buonaparte avait promis le trône de Portugal à
Masséna, sous la condition d'aller s'y asseoir, si lord
Wellington le permettait.

» humain, sera aussi un exemple de la
» juste vengeance du Ciel. Alors il sera
» forcé de quitter le lit nuptial pour
» marcher encore une fois aux combats...
» Mais le temps de la victoire est passé! »

Voici maintenant comment je prélu-
dais à la campagne de Russie, dans le
mois de mai 1811, c'est-à-dire une année avant l'ouverture de cette campagne :
« Il n'y a plus de doute sur une prochaine
» guerre entre Buonaparte et l'empereur
» de Russie. C'est pour cette guerre que
» le premier vient de faire voter par son
» sénat *conservateur* une nouvelle con-
» scription de cent vingt mille hommes.
» Beaucoup de troupes, rassemblées
» dans les départemens qui avoisinent
» le Rhin, sont entrées depuis peu en
» Allemagne ; celles qui étaient sur les
» bords de l'Elbe, et qui paraissaient
» destinées à attaquer le Holstein, se
» sont mises en marche inopinément

[1] *Gazette de la Guadeloupe*, du 25 juin 1811.

» pour les frontières de la Prusse , où
» une force considérable se trouve déjà
» réunie. Le grand-duché d'Oldenbourg,
» dont le souverain est beau – frère de
» l'empereur Alexandre , vient d'être en-
» vahi par Buonaparte , pour subir *la*
» *réunion à la France*, comme Ham-
» bourg, Lubeck, etc., etc. : circonstance
» qui, seule, ne pourrait manquer d'a-
» mener une rupture. La demande de la
» restitution de la Finlande à la Suède
» a sûrement *été* faite par Buonaparte
» dans les mêmes vues. Il paraît donc
» *que c'est Buonaparte qui veut encore*
» *cette nouvelle guerre.* Une telle fureur
» des combats, une si grande soif du sang
» humain , pourrait surprendre les per-
» sonnes qui considéreront que l'*impie*
» *étranger,*

» Assis, hélas ! au trône de nos rois !... »

» a déjà de trop sérieuses occupations
» au-delà des Pyrénées , et que la con-
» jonction actuelle peut donner à la Rus-
« sie une belle occasion de se dégager de

3

» l'humiliante influence à laquelle ce vaste
» empire se trouve soumis.... Que nos
» lecteurs jugent donc aujourd'hui si
» l'entreprise de Buonaparte, à l'égard
» de la Russie, n'est pas celle d'un hom-
» me en démence, ou plutôt d'un hom-
» me poussé à sa perte par les décrets
» d'en haut ». »

Ailleurs, j'écrivais : « Buonaparte fait,
» dit-on, des préparatifs immenses pour
» sa guerre de Russie ; mais les affaires
» d'Espagne et de Portugal ont tellement
» réduit ses forces disponibles, qu'à peine
» peut-il avoir le tiers de troupes fran-
» çaises dans le cadre des armées qu'il va
» mettre en marche : les deux autres tiers
» seront composés d'Allemands, de Prus-
» siens, de Polonais et d'Italiens, qui,
» pour la plupart, se voient à regret en-
» rôlés sous ses drapeaux, et qui ne man-
» queront pas de saisir la première occa-
» sion favorable pour faire *volte-face*,
» comme leurs compatriotes ont déjà

¹ *Gazette de la Guadeloupe*, du 5 mai 1811.

» presque tous fait dans la péninsule Ibé-
» rienne. De ce côté, les choses vont tou-
» jours pour lui de mal en pis , puisque
» le fantôme d'usurpateur qu'il voulait
» maintenir sur le trône , le *pauvre Jo-*
» *seph Buonaparte*, vient de fuir préci-
» pitamment de Madrid , et de rentrer
» en France , sous prétexte de le com-
» plimenter à l'occasion de la naissance
» du *roi de Rome*. D'un autre côté , il
» paraît que la Hollande , nouvellement
» réunie à la France, comme une *allu-*
» *vion du Rhin*; après la *destitution*, de
» l'indocile roi Louis Buonaparte , ne
» dissimule guère son mécontentement ,
» et n'attend que le signal qui lui sera
» donné bientôt, pour expulser les lé-
» gions et les douaniers de *Napoléon-le-*
» *Grand*. Les mêmes symptômes d'in-
» surrection se font remarquer dans le
» Tyrol et dans les villes anséatiques. La
» France elle-même n'est pas tranquille :
» les vrais Français paraissent aussi prêts
» à faire un généreux effort pour con-

»'tribuer à la délivrance de l'Europe et
» de leur patrie. La réponse de Buona-
» parte aux doléances des commerçans
» et sa circulaire aux évêques sont des
» preuves authentiques de la fermenta-
» tion qui se manifeste dans l'intérieur
» de son empire ....!. Voilà le tableau de
» l'Europe pour le moment actuel......
» et c'est dans ce moment que Buona-
» parte songe à aller faire la chasse aux
» ours vers le pôle arctique !... Laissons
» le courir : prosternons-nous; adorons
» la Providence qui le dirige ; plaignons
» les malheureux qui le suivent ! »

. Dans un autre article, intitulé *la Comète* [2], je revenais ainsi sur le même
sujet : « Depuis quelques jours , nos as-
» tronomes et nos astrologues sont fort
» occupés d'une comète à queue bril-
» lante, qui paraît tous les soirs dans le
» nord-ouest, et qu'on perd de vue dans

[1] Voir les feuilles du *Moniteur,* du mois d'a-
vril 1811.
[2] La comète de 1811.

» le nord–est, vers la fin de la nuit. Cette
» même comète, ainsi que nous l'ap-
» prenons par une gazette de New-York,
» a été vue aux États-Unis un mois avant
» qu'elle ne fût visible dans nos lati-
» tudes des Antilles : ce qui prouverait
» que sa course la porte vers le sud, in-
» dépendamment du mouvement appa-
» rent qu'elle a de l'ouest à l'est... *On*
» *s'en alarmait à New-York*, dit le jour-
» naliste : *les amis de la paix ne dou-*
» *taient pas que son apparition ne fût*
» *d'un funeste présage pour le résultat*
» *de la guerre dont le pays est menacé*
» *en ce moment* [1]. — Parmi nos obser-
» vateurs de la Guadeloupe, il est aussi
» des alarmés et des alarmistes qui re-
» gardent, ou feignent de regarder la co-
» mète comme le signe de quelque grand
» bouleversement dans le monde phy-

[1] À cette époque la guerre paraissait sur le point
d'éclater entre l'Angleterre et les États-Unis d'Amérique.

» sique et politique : si l'on s'en rappor-
» tait à leurs conjectures, la pauvre race
» humaine ne pourrait éviter un déluge,
» ou un embrasement général, ou la
» peste, ou la famine, ou le fléau de la
» guerre répandu sur la surface entière
» du globe, ou, ce qui vaut tous les
» fléaux ensemble, la domination uni-
» verselle des Buonapartes. D'autres per-
» sonnes, promptes, comme nous, à
» croire ce qu'elles désirent, s'imaginent
» voir dans cette comète, qui du nord
» s'avance vers le sud, l'empereur de
» toutes les Russies, marchant avec de
» puissantes armées, pour mettre un
» terme aux malheurs de la France et
» de l'Europe méridionale. O UTI-
» NAM !.. »

Montrerai-je en quels termes je parlais
du caractère atroce et des crimes de
Buonaparte? Voici ce que je peux citer,
à cet égard, parmi beaucoup d'autres

¹ *Gazette de la Guadeloupe*, du 25 octobre 1811.

morceaux du même genre. — J'avais publié, d'après les journaux de Londres,
une lettre très-curieuse, que Buonaparte
écrivait à la reine légitime des Deux-
Siciles, tante de sa nouvelle épouse,
sœur de notre infortunée reine Marie-
Antoinette, pour l'engager à *déjouer* ce
qu'il appelait *les intrigues, de l'Angleterre*, par toute l'influence qu'elle pourrait exercer sur l'esprit du roi, son mari ;
lettre qui était tombée entre les mains
d'un croiseur britannique, et qui ne par-
vint pas à sa destination. Quelques jours
après cette publication, il fut question
d'un projet d'invasion de la Sicile, dont
l'exécution se préparait sur les côtes de
la Calabre, par l'ordre de Buonaparte,
et devait être commandée par Murat, en
personne, sous la protection de plusieurs
vaisseaux de ligne, envoyés de Toulon [1].

[1] La tentative d'invasion se fit en effet, le 17 septembre 1810, c'est-à-dire, moins de six mois après
le mariage de Buonaparte avec la nièce de la reine

Je donnai cette dernière nouvelle, avec
les observations suivantes : « Les per-
» sonnes qui ont pu douter de l'authen-
» ticité de la lettre de Buonaparte à Sa
» Majesté la reine des Deux-Siciles, in-
» sérée dans notre numéro 35, se croi-
» ront peut-être fondées à la regarder
» tout-à-fait comme apocryphe et sup-
» posée, en apprenant aujourd'hui que
» Buonaparte médite une expédition qui
» ne tend à rien moins qu'à renverser du
» trône la tante de sa nouvelle épouse,
» et qui par conséquent s'accorde si peu
» avec les protestations de bienveillance
» et d'amitié contenues dans cette lettre.
» Mais ne connaît-on pas le caractère de
» Buonaparte? Ne sait-on pas qu'il ne
» dit rien de ce qu'il fait, et qu'il ne fait
» rien de ce qu'il dit; qu'il ne trouve de

des Deux-Siciles : mais on sait que Murat fut re-
poussé, avec une grande perte, par le général
Stuart, qui commandait les troupes britanniques
employées à la défense de l'ile.

» jouissance que dans les contrastes les
» plus monstrueux; qu'il jure la paix,
» quand il prépare la guerre; qu'il poi-
» gnarde en carressant?... Ne l'a-t-on pas
» vu violer l'asyle du duc d'Enghien, sur
» un territoire étranger, après avoir en-
» tretenu dans une funeste sécurité, par
» des assurances d'estime et d'intérêt,
» ce prince, *heroum proles*; *heros ipse*,
» *quem corsica voravit bellua!...* Ne l'a-
» t-on pas vu, sous prétexte de se rendre
» médiateur entre le père et le fils; attirer
» la famille royale d'Espagne dans le plus
» détestable de tous les piéges?... N'a-t-il
» pas fait fusiller, à Alençon, un vaillant
» chef des armées royales, le comte de
» Frotté, qui s'était rendu dans cette
» ville, sur la foi d'un *sauf-conduit?...*
» N'a-t-il pas fait fusiller, à Mantoue, le
» brave Tyrolien Hoffer, en expiation
» d'un héroïque dévouement à la maison
» d'Autriche, le jour même où il s'alliait
» à la maison d'Autriche, en signant son
» contrat de mariage avec l'archidu-

» chesse Marie-Louise?... N'est-ce pas
» lui qui fit étrangler, dans la tour du
» Temple, le général Pichegru, *prison-*
» *nier d'État*, qu'il avait livré, disait-il,
» à la justice des tribunaux?... N'est-ce
» pas lui qui, dans cette même tour du
» Temple, fit égorger l'ami et le com-
» pagnon de sir Sydney Smith, le ca-
» pitaine Wright, *prisonnier de guerre*,
» que le droit de la guerre couvrait d'une
» inviolable protection, mais qui était
» dépositaire de quelques secrets dont la
» révélation pouvait jeter un trop grand
» jour sur l'histoire de la campagne d'E-
» gypte?... N'est-ce pas lui qui, tout ré-
» cemment encore, au mois de dé-
» cembre dernier, fit assassiner, sur la
» grande route de Berlin, un person-
» nage *revêtu du caractère sacré d'am-*
» *bassadeur*, lord Barthurst, envoyé ex-
» traordinaire de S. M. B. à Vienne?...«
» Après de tels exemples de scélératesse,
» doit-on s'étonner que Buonaparte parle
» de réconciliation à la reine des Deux-

» Siciles, lorsque, dans le fait, il ne s'oc-
» cupe que des moyens de la joindre au
» nombre de ses victimes?... Si, du reste,
» on trouve dans la lettre dont il s'agit
» l'insolence d'un parvenu, l'extrava-
» gance d'un homme à qui son inconce-
» vable bonne fortune a fait perdre la
» tête, comment ne pas la reconnaître
» pour l'ouvrage de Buonaparte [1]? »
— Dans un article intitulé *Horoscope de
Buonaparte*, j'appelais encore sur sa
tête la vengeance du Tout-Puissant, qu'il
bravait avec tant d'audace ; et j'annon-
çais que bientôt on pourrait lui faire
l'application de ce passage des prophé-
ties d'Ezéchiel, chap. 31 : « Assur a été
» tel qu'un grand arbre, ayant des ra-
» meaux d'une grande hauteur. — Les
» eaux l'ont fait croître (c'est-à-dire, se-
» lon les interprètes, *les nations tribu-
» taires*) : l'abîme l'a fait monter très-
» haut (c'est-à-dire, *le gouffre dans le-*

» *quel toutes les richesses de l'état, toutes*
» *les fortunes particulières ont été jetées,*
» *confondues, dévorées*). Les fleuves ont
» coulé autour de ses plantes. Toutes les
» bêtes de la terre se sont placées sous
» ses branches ; et de grandes nations ont
» habité sous son ombre. Mais, parce
» qu'il s'est élevé superbement ; et que
» son cœur s'est enflé dans sa hauteur,
» je l'ai livré au plus fort d'entre les na-
» tions, qui l'a traité comme il fallait ;
» et je l'ai chassé, à cause de son impiété.
» Les étrangers l'ont coupé par la racine :
» toutes ses branches ont été jetées dans
» les vallées, ou brisées par les torrens
» de la terre ; et tous ceux qui se repo-
» saient sous son ombre se sont retirés[1]. »
— Il ne me reste plus qu'à faire voir
bien clairement quel était le port de salut
où mes vœux conduisaient le vaisseau
de France, depuis si long-temps battu
par la tempête. — A la fin d'un article

---

[1] *Gazette de la Guadeloupe ; du 25 juin 1811.*

sur le 13 *vendémiaire*, je disais : « Nous
» ne pouvons rappeler ici cette fatale
» journée, sans nous figurer tout ce que
» les Parisiens doivent souffrir, en voyant
» le *mitrailleur* Buonaparte, assis sur le
» trône des Bourbons!.... Les légitimes
» héritiers de ce trône vivent maintenant
» sur un sol étranger, en attendant ce
» que la justice divine ne peut manquer
» de faire pour eux. Ces héritiers légi-
» times sont les petits fils de Henri IV,
» de ce bon Henri, qui, forcé de com-
» battre les Parisiens méconnaissant ses
» droits, leur envoyait des vivres pen-
» dant le siége, pour sauver leurs femmes
» et leurs enfants des horreurs de la fa-
» mine!... De tels princes ne cesseront
» pas d'être chers aux habitans de Paris,
» comme à tous les Français : bientôt,
» oui bientôt, ils feront dans cette capi-
» tale une entrée non moins heureuse
» que celle de Henri IV; bientôt l'usur-
» pateur qui mitrailla les Parisiens,
» fuira devant un descendant du bon

» Henri, qui se montra leur père alors
» même qu'ils le traitaient en enne-
» mi!»

Enfin, pour dernière citation, je rap-
porterai ce que je disais au sujet de la
fête mémorable qui fut donnée par le
Prince-Régent d'Angleterre à la famille
royale de France, le 19 Juin 1811. On
sait que, jusqu'à ce jour, Sa Majesté
Louis XVIII, bien que comblée d'égards
par le gouvernement anglais, sous le titre
de *comte de Lille*, avait été laissée dans
une sorte d'*incognito*, que prescrivait
sans doute la politique, dans ces temps
d'adversité : mais le cœur noble et généreux de S. A. R. le Prince-Régent
saisit avec empressement une circonstance nouvelle, résultant du succès de
ses armes, pour faire jouir d'avance l'il-
lustre chef de la maison de Bourbon, du
changement de fortune qui, d'après la

marche des événemens, ne pouvait tar-
der à s'opérer. Quelle ne dut pas être,
en effet, l'émotion du monarque français, lorsqu'il entra dans *Carlton-House*,
au milieu de près de trois mille personnes invitées à la fête, qui formaient
une double haye sur son passage, jusqu'à la porte d'un salon magnifiquement
orné d'une tenture en satin bleu, par-
semé de fleurs-de-lys d'or, au milieu
duquel le Prince-Régent lui dit, avec
une grâce exquise : *Puissiez-vous, sire,
voir bientôt refleurir en France les lys
dont je vous offre ici l'image !* — LL.
AA. RR. Monsieur, Madame, duchesse
d'Angoulême, les ducs d'Angoulême et
de Berry, LL. AA. SS. le prince de
Condé et le duc de Bourbon, ainsi qu'un
grand nombre d'émigrés, des deux sexes,
accompagnaient Sa Majesté. Au souper,
qui termina la soirée, Madame tint la
place d'honneur, à droite du Prince-
Régent, pendant que S. A. R. la duchesse d'York était à gauche. — Après

avoir donné sur cette fête les détails qui
m'étaient fournis par les papiers de
Londres, je finissais ainsi : « Une telle
» relation, si quelqu'un osait la mettre
» sous les yeux de Buonaparte, lui ferait
» plus de mal que la nouvelle de la perte
» de plusieurs batailles. Il doit la lire pour-
» tant, ou les agens de sa police extérieure
» le trahiraient ; mais certes, il se gardera
» bien de la laisser publier en France :
» elle est de nature à donner de grandes
» inquiétudes à ses partisans ; elle peut
» rendre l'espérance et l'énergie à tous
» ses ennemis secrets, c'est-à-dire, à tous
» les royalistes *incorrigibles*, qui entre-
» tiennent le feu sacré, et qui se retrou-
» veront en temps opportun. Oh! si, de
» l'extrémité du monde, où nous fûmes
» jeté par la tourmente révolutionnaire,
» nous pouvions faire entendre notre voix
» à ces Français d'Europe, nous dirions
» aux uns, *Encore quelques mois, et nous*
» *verrons le triomphe de notre cause;*
» aux autres, *Qu'attendez-vous pour re-*

» connaître que votre idole est menacée
» de la foudre ? [1] *»*

Je passe sur les années 1812 et 1813 :
le lecteur voit, par ce qui précède, que
j'en avais d'avance esquissé l'histoire.

Au commencement de 1814, beaucoup de très-bons royalistes, de Paris et
des provinces, n'osaient encore compter
sur la restauration, tant ils étaient trompés par les nouvellistes aux gages de
Buonaparte. A cette même époque, quoi-
que je fusse toujours à deux mille lieues
de la France, je voyais tellement ce qui
allait arriver, que je m'embarquais pour
Londres, dans l'espoir de rentrer à Paris,
à la suite de S. M. Louis XVIII. Les
vents ne favorisèrent point mon impa-
tience : je ne pus aborder à Calais que
sur la fin de juin, lorsque déjà, depuis
les belles journées du 12 avril et du

[1] *Gazette de la Guadeloupe*, du 5 août 1811.

3. mai, l'immense majorité des Français
faisait éclater l'ivresse du bonheur.

Bientôt, hélas! des nuages sinistres
s'élevèrent sur notre horizon politique,
et firent craindre que ce bonheur ne fût
pas de longue durée! L'usurpateur relé-
gué dans l'île d'Elbe, avait laissé parmi
nous des perfides agens, qui, par de
fausses apparences de soumission et de
retour aux principes de la légitimité,
trouvèrent grâce et faveur auprès du plus
clément des rois : LOUIS-LE-DÉSIRÉ, que
notre amour environnait de tant de force,
crut qu'il pouvait, sans danger, confier
quelques-uns des premiers emplois militaires de la monarchie, et quelques grandes places administratives, à des hommes que son cœur généreux supposait de
bonne foi dans leurs protestations de dévouement à la cause qu'ils avaient si
long-temps combattue. Une telle pensée,
mise à exécution avec toute la prudence
nécessaire, offrait l'avantage de ratta-
cher, en effet, à la légitimité beaucoup

de gens qui n'avaient été qu'égarés par
les circonstances, en leur laissant l'espoir d'obtenir à leur tour, des emplois
civils ou militaires. Mais on vit un étrange
abus des intentions sages et paternelles de
Sa Majesté. Presque toutes les places ne
se donnaient qu'aux partisans de Buonaparte. Un émigré, un vendéen, ou tout
autre royaliste éprouvé, se présentait-il
pour demander du service, « Attendez,
» lui répondait-on dans les bureaux des
» différens ministères : il faut d'abord
» que nous rendions justice aux *droits*
» *acquis;* nous nous occupons du place-
» ment d'un grand nombre d'officiers,
» de magistrats, d'administrateurs, *vos*
» *anciens*, qui ont perdu leurs emplois,
» soit par la réduction de l'armée *impé-*
» *riale*, soit par celle du territoire de
» l'*empire*; nous penserons à vous par la
» suite, si votre tour peut arriver. » Un
sourire moqueur rendait cette réponse
parfaitement intelligible. Le pauvre royaliste se retirait surpris et confus; mais,

accoutumé aux sacrifices et aux souf-
frances, il ne murmurait pas. Moi-même
qui reçus une semblable réponse, pour
mon propre compte, je me permis à
peine d'en parler dans le sein de ma
famille, et je fus surtout loin de croire
qu'on me l'eût faite par ordre du Roi :
je cherchais à me consoler, en disant,
comme de tout temps, *oh ! si le Roi le
savait !*

Toutefois il était facile de prévoir ce
qui résulterait de cette préférence accor-
dée à nos *anciens* : c'est que les véritables amis des Bourbons, les soutiens na-
turels du trône, allaient rester isolés et
sans moyens de veiller utilement à la sûreté de ces objets sacrés de leurs affec-
tions, pendant que les Buonapartistes
masqués, investis partout du pouvoir,
et disposant de la force armée, ne man-
queraient pas de conspirer pour une autre *restauration* à leur manière.

Alarmé, comme bien d'autres fidèles
sujets du Roi, surtout lorsqu'il parut cer-

.tain que les conjurés entretenaient une
correspondance active avec l'île d'Elbe,
je hasardai verbalement quelques avis
qui ne furent point écoutés. Je parlai vainement de l'avantage incalculable qu'il
y aurait à faire sur-le-champ une grande
expédition pour reprendre possession de
Saint-Domingue, mesure qui, sans con-
tredit, eût préservé la France de tous les
nouveaux malheurs dont elle était menacée. Tout le monde peut se souvenir de
l'aveuglement dans lequel s'obstinèrent,
pour la plupart, les personnes qui, à cette
époque, étaient honorées de la confiance
du Roi ; et si l'on a pensé que quelques-
unes *fermèrent les yeux pour ne point
voir*, ce n'est pas sans de fortes raisons.

Cependant, le péril devenait imminent : j'éprouvais un serrement de cœur
inexprimable, et je m'indignais de ne
pouvoir approcher de mon Roi, pour dire
à Sa Majesté : « Sire, rappelez-vous la
» prédiction de Burke sur ce qui doit ré-
» sulter de la situation où se trouve ac-

» tuellement la France! Sire, on vous
» trompe : la trahison prépare votre perte
» et la nôtre [1] ! »

Je ne voyais qu'un seul moyen de me
faire entendre : je pouvais sonner le toc-
sin, en reprenant mon ancienne mis-

[1] Dès l'année 1794, le célèbre publiciste anglais
Edmund Burke prévoyait le rétablissement de la
famille de Bourbon sur le trône de Saint-Louis, et
il lui donnait des conseils sur les moyens qu'elle
aurait à employer pour en raffermir la base. Il faudra, disait-il, user de clémence envers la masse des
hommes égarés et entraînés par les principaux auteurs de la révolution : mais ceux-ci doivent être
traités avec une rigoureuse justice, et surtout les
régicides. Si quelques-uns des grands coupables,
autres que les régicides et les égorgeurs, reviennent
à leur devoir avant la restauration, et y contribuent
par des services réels, qu'on leur pardonne, qu'on
les récompense, qu'on les emploie même : toutefois, il y aurait un extrême danger à leur confier
un trop grand nombre de places, etc., etc. Pour
peu que l'on s'écarte en cela des précautions que
prescrit la prudence, LE ROI NE RÉGNERA PAS UN
AN. *Without these precautions, government cannot
stand a year.* (Burke's works. vol., IV, p. 300.)

sion de journaliste ; j'avoue que je fus
fortement tenté d'en venir là , et que je
fis même quelques démarches pour me
mettre en état de donner suite à la publication de mes *Annales universelles :*
mais je me sentis retenu par une considération que tout bon royaliste saura
bien apprécier. La carrière d'un journaliste m'avait paru belle à parcourir quand
je combattais pour la monarchie *en l'absence du monarque :* alors, comme je l'ai
déjà dit, rien ne gênait mon courage,
parce que mes coups ne s'adressaient
qu'à des ennemis déclarés. En 1814, au
contraire , le roi était *présent :* le respect
profond que je portais à Sa Majesté
ne me permettait pas de me prononcer
publiquement contre un état de choses
que le public pouvait croire établi selon
les plans de sa haute sagesse ; et même,
pour attaquer en cela l'œuvre de tel ou
tel ministre , il fallait toujours me placer
dans une situation apparente d'hostilité
envers Sa Majesté, puisque les ministres

se couvraient de son auguste nom, comme
d'une égide sacrée : c'est-à-dire que ,
pour montrer le zèle et le dévouement
d'un fidèle sujet, il fallait m'exposer à
être signalé par la calomnie comme un
factieux.... Je n'eus pas ce genre d'*hé-
roïsme* : je gardai le silence du déses-
poir!...

A la première nouvelle du débarquement de Buonaparte sur la côte de Pro-
vence, et de sa marche rapide vers Paris,
je m'enrôlai comme volontaire royaliste,
dans la compagnie des cent-suisses, pour
mourir au pied du trône, s'il arrivait un
nouveau *dix août*.

Le roi quitta sa capitale : je le suivis
à Gand.

A la seconde restauration , mes vœux
pour le bonheur de la France furent encore cruellement trompés.

Deux ou trois hommes faits pour inspirer de la confiance aux royalistes
avaient du moins figuré dans le ministère

de 1814 : on n'en vit pas davantage dans le ministère de 1815, et l'on y vit.... N'achevons pas !...

La marche de ce *deuxième ministère* fut ce qu'elle devait être : de si mauvais pilotes ne pouvaient pas faire bonne route ; le vaisseau de l'état voguait à pleines voiles vers l'écueil déjà marqué par un triste naufrage.

Heureusement les élections nous don-nèrent une excellente chambre des dé-putés, à laquelle allait s'unir la grande majorité de la chambre des pairs. Les

¹ Je déclare que je suis loin de vouloir ici jeter un blâme particulier sur tel ou tel des personnages qui furent appelés à ce ministère, ainsi qu'au pré-cédent, et à ceux qui le suivirent : je n'accuse les intentions d'aucun individu ; à les prendre séparé-ment, j'honore les talens et le caractère de la plu-part d'entre eux ; je ne fais que déplorer les tristes résultats des systèmes plus ou moins blâmables qu'ils crurent devoir prendre pour règle de leur politique. En un mot, *non de personis, sed de re-bus agitur.*

pilotes virent bien qu'ils ne seraient plus maîtres de la manœuvre : ils abandonnèrent le timon.

Le *troisième ministère* arrivait sous les auspices les plus encourageans, et s'il eût été composé d'hommes capables de s'entendre pour répondre dignement aux intentions toujours sages du Roi, nul doute que nous n'eussions fait alors un grand pas vers le bien.

On crut un moment que les chambres réussiraient à faire adopter un plan d'administration franchement, monarchique, qui seul pouvait assurer enfin la tranquillité du royaume.

Mais on s'aperçut bientôt de l'étonnant ascendant que prenait dans le nouveau ministère le successeur du régicide Fouché, l'homme qui, si l'on n'en jugeait que par les faits, semblerait avoir eu la mission secrète de travailler, à son tour, au renversement du trône légitime. Cet ascendant devint tel, qu'il entraîna le renvoi de plusieurs ministres recom-

mandables par leurs services , comme
par leurs opinions , et la dissolution de
la chambre si justement appelée *introu-*
vable par le roi lui-même.

Depuis la fatale ordonnance du 5 septembre 1816 , il fut impossible de se dissimuler que la conspiration des *intérêts*
révolutionnaires revenait à ses menées
de 1814. On vit successivement destituer ,
dans l'armée et dans l'ordre civil , presque tous les fonctionnaires *entachés de*
dévouement aux Bourbons , qui avaient
été mis en place sous l'influence des
chambres de 1815 ; — On vit presque
tous les traîtres des *cent jours* rappelés
aux emplois dont ils avaient déjà si lâ-
chement abusé, et qui semblaient ne leur
être confiés encore que dans la vue d'une
autre trahison ; — On vit désarmer les
intraitables Vendéens , toujours prêts à
combattre *pour leur Dieu et pour leur*
Roi ; — On vit une persécution juridique
exercée au nom de l'autorité royale ,
contre de braves et loyaux militaires ,

qui avaient trop bien défendu cette autorité dans les troubles de Lyon et de
Grenoble; — On vit les journaux et les
pamphlets du parti s'élever, avec audace,
contre le dogme de la légitimité, soutenir la doctrine du gouvernement *de fait*,
et celle de la fidélité *au sol de la patrie;*
— On vit le scandale de la *correspondance privée*, qui se rédigeait dans les
bureaux d'un ministre à Paris, qui se
publiait à Londres, à Augsbourg, à
Francfort, et qui avait pour objet de
tromper toute l'Europe sur les véritables
sentimens des Français envers leurs
princes chéris; — On vit se manifester en
Italie, en Espagne, et dans plusieurs
états de l'Allemagne, les effets d'une
autre correspondance, plus dangereuse
encore, parce qu'elle était clandestine,
qui partait également du *comité directeur*
de Paris, qui s'adressait aux sociétés se-
crètes, et qui les excitait à fomenter l'esprit de révolte contre les pouvoirs *inquiétans* de la *Sainte-Alliance.*

Sentinelle vigilante du royalisme, j'aurais voulu, cette fois encore, jeter le cri d'alarme, et m'élancer dans l'arène politique, pour lutter contre les auteurs du vaste complot qui se tramait.... Cette fois encore, je demeurai frappé d'inertie, quand je considérai que le trône servait de barricade aux ennemis du Roi!... Il faut dire aussi que, depuis la fin de 1815, j'avais l'honneur d'appartenir à la Cour royale de Paris : un autre sentiment de convenances m'interdisait peut-être les services que j'aurais pu rendre hors de mes fonctions de magistrat ; je me bornai donc à des vœux pour le salut de la monarchie, et j'attendis les conspirateurs sur mon siège, s'il plaisait à Dieu de les livrer à la justice des hommes.

Cependant la bonne cause ne manqua point de défenseurs, aussi distingués par leurs talens que par leur courage, et qui loin d'être entravés, comme moi, se trouvaient poussés au combat par la po-

sition qu'ils occupaient sur le terrain de
la politique.

On comprend que je veux parler d'a-
bord des orateurs qui dévoilèrent la conspiration dans la Chambre des Pairs et
dans celle des Députés : le souvenir de
leurs honorables efforts ne sera point
perdu pour l'histoire; mais les historiens
diront aussi comment une majorité bien
coupable, ou bien aveugle, fut établie
dans ces deux Chambres, pour maintenir
la toute-puissance du ministère.

Les éditeurs des journaux dévoués à la
légitimité signalèrent également le danger d'un tel état de choses : ils furent
bientôt réduits au silence par la *censure*,
singulier instrument de police entre les
mains des *libéraux*, qui se disent les seuls
vrais défenseurs des libertés publiques, et
sous l'empire d'une Charte constitutionnelle qui, suivant eux, garantit par dessus tout la liberté de la presse !

Il ne restait plus que la ressource des
brochures : on essaya d'y recourir ; mais

bientôt encore les auteurs et les impri-
meurs furent subjugués par le moyen,
fort peu constitutionnel sans doute, de la
saisie arbitraire et de l'emprisonnement.

Ce fut alors que M. le vicomte de Châteaubriand prit la noble résolution de
frapper d'un grand coup l'opinion publique, par son écrit intitulé *de la Monarchie selon la Charte;* et, pour faire bien
juger les motifs qui l'animaient, il s'ex-
prima ainsi dans la préface de ce bel ouvrage : « Comme pair de France, je dois
» dire la vérité à la France, et je la dirai.
» Comme ministre d'état, je dois dire la
» vérité au Roi, et je la dirai.... Eh quoi!
» si la France me semble menacée de
» nouveaux malheurs, si la légitimité me
» paraît en péril, il faudra que je me
» taise, parce que je suis pair et ministre
» d'Etat! mon devoir, au contraire, est
» de signaler l'écueil, de tirer le canon
» de détresse, et d'appeler tout le monde
» au secours. C'est par cette raison que,
» pour la première fois de ma vie, je si-

» gne mes titres, afin d'annoncer mes
» devoirs, et d'ajouter, si je puis, à cet
» ouvrage le poids de mon rang politi-
» que. Ces devoirs sont d'autant plus im-
» périeux, que la liberté individuelle et
» la liberté de la presse sont suspen-
» dues.... Qui oserait, qui pourrait par-
» ler?... Puisque la qualité de pair de
» France me donne, en vertu de la
» Charte, une sorte d'inviolabilité, je
» veux en profiter pour rendre à l'opi-
» nion publique une partie de sa puis-
» sance, etc., etc. »

Rien ne saurait mieux que cette citation justifier le silence auquel je m'étais
condamné, puisque je fais voir que l'il-
lustre écrivain se crut obligé de justifier,
dans ces graves circonstances, l'usage
qu'il faisait du *droit de parler*, droit qui
pourtant tenait essentiellement à son
rang politique, à sa double qualité de
pair de France, et de ministre d'Etat.

Quoi qu'il en soit, M. de Châteaubriand n'eut pas le bonheur d'obtenir

immédiatement tout le succès qu'il devait attendre de sa vigoureuse attaque contre le ministère dont la marche lui inspirait de si justes craintes pour l'avenir de la monarchie. Mais, du moins, l'impression produite par cette attaque fut telle, que les chambres, dans la session de 1817, supprimèrent la censure des journaux, dont on n'avait guère fait usage que contre les royalistes, et par-là rétablirent l'égalité du combat entre le *bien et le mal.*

Ce premier avantage donna naissance au *Conservateur;* et ce fut encore à M. de Châteaubriand, ainsi qu'aux dignes amis qu'il s'associa dans cette circonstance, ce fut à eux que la monarchie dut les immenses services rendus par cet écrit périodique, dont le recueil, placé dans toutes les bibliothèques, sera pour eux un monument impérissable de gloire [1].

---

[1] Oh ! combien j'aime à dire aujourd'hui ce que je pensais alors de M-de Châteaubriand !...

Le plus grand sacrifice que je pusse
faire, et que je fis alors aux considérations qui réglaient ma conduite, ce fut
sans doute d'avoir su résister au désir
que j'éprouvai cent fois d'insérer quelques articles dans le *Conservateur*. J'é-
tais digne aussi, j'ose le croire, de
figurer au nombre des rédacteurs d'un
ouvrage parfaitement royaliste, qui eut
une vogue prodigieuse, au dehors comme
au dedans du royaume ; qui éclaira les
têtes couronnées sur les desseins de la
secte impie, prête à bouleverser de nouveau tous les états de l'Europe.

· Cet ouvrage avait déjà fortement ébranlé
le ministère, quand la Providence, dont
les leçons quelquefois sont si terribles,
acheva de le renverser par le contre-coup
d'un événement à jamais déplorable,
qui n'était qu'une conséquence de sa
politique, et qu'il s'efforça vainement de
faire considérer à la France en deuil
comme *le crime* ISOLÉ *d'un furieux*,
étranger au parti des révolutions.

> En rappelant ici la chute du minis-
tère.... qui *glissa dans le sang d'un Bourbon*, je me souviens que je fus encore
sur le point de me laisser entraîner par
le grand exemple de courage que donna
M. Clausel de Coussergues, lorsqu'il publia le volume où il exprimait, avec tant
de force, l'indignation qui oppressait son
âme. M. Clausel de Coussergues, mon
ami, mon ancien compagnon de périls
et d'infortune, était alors magistrat,
comme moi ; mais il avait l'avantage
d'être en même temps membre de la
chambre des députés : son caractère *politique* lui imposait le devoir de parler,
et lui en donnait le droit.

Que dirai-je du *quatrième ministère*,
qui, à cette époque, de douloureuse
mémoire, prit en mains les rênes de
l'administration ?

Hélas ! nous ne gagnâmes guère au
changement ! Les nouveaux venus furent
moins blâmables, si on les juge d'après

leurs intentions ; mais quand on se rappelle leurs œuvres , on ne trouve pas d'excuse qu'ils puissent faire admettre.

Pour rendre le repos à la France, il ne fallait à ces ministres qu'une volonté bien prononcée, et un choix d'hommes monarchiques, capables de les seconder avec fermeté. Ils s'effrayèrent d'une tâche si simple et si facile : ou peut-être crurent-ils faire preuve de génie, en imaginant leur misérable système de *bascule;* qui donnait au trône pour appuis, d'un côté ses amis ; de l'autre ses ennemis, et qui ne s'attachait qu'à réprimer l'*excès d'outrages ,* comme *l'excès de devouement.* Semblables à ce doge de Venise, qui prétendait arrêter les flots de la mer en traçant une ligne sur le sable du rivage , ils disaient aux royalistes : *Nous vous défendons d'être plus royalistes que nous;* ils disaient aux hommes de la révolution : *Nous vous supplions de ne pas secouer l'arbre de la monarchie jusqu'au point de lui faire perdre racine !*

Un semblable système ne devait inspirer que le mépris, s'il avait été sans
danger. Mais quand on vit que les
hommes de la révolution, déconcertés
d'abord par le renvoi des précédens ministres, profitaient de la faiblesse du nouveau ministère pour reprendre la trame
des complots, il fallut bien que les amis
du roi fissent entendre encore une fois
le cri de leur sollicitude. — L'insurrection venait d'éclater au-delà des Alpes :
tout faisait craindre qu'il n'en fût bientôt
de même au-delà des Pyrénées ; les
symptômes les plus inquiétans annonçaient que sur plusieurs points de notre
royaume, et notamment dans le sein de
la capitale, le signal de la guerre civile
pouvait être donné d'un moment à
l'autre. Que devenait alors la puissance
de la *bascule?* Elle n'empêchait pas
les écrivains révolutionnaires de prêcher
ouvertement la révolte ; comment eût-
elle empêché les écrivains royalistes de
faire un appel à la fidélité? Le *Conserva-*

teur et les journaux de la même opinion recommencèrent un combat à outrance, et dans les deux chambres s'élevèrent les débats les plus animés entre les orateurs qui voulaient et ceux qui craignaient une nouvelle révolution.

Un tel exemple devait sans doute inspirer à nos ministres le courage de se prononcer de même contre la faction qui s'agitait en France, et de prévenir toute explosion par quelques mesures de vigueur. Mais, sourds aux avertissemens qui ne leur furent pas épargnés, ils s'obstinèrent à garder leur position de neutralité entre ce qu'ils appelaient *les deux partis*, comme si l'on pouvait reconnaître et souffrir dans un état d'autre parti que celui du gouvernement légitime ! L'exaspération allait toujours croissant : ils crurent se tirer d'embarras en recourant à la *censure*, qui avait si mal servi leurs devanciers ; ils la demandèrent aux chambres, et ils l'obtinrent, à une faible majorité de voix.

La censure, comme nous l'avions déjà
vu, s'appliqua beaucoup plus à imposer silence aux journaux royalistes, qu'à réprimer l'effervescence des écrivains du *parti*
opposé : d'ailleurs, elle ne pouvait em-
pêcher la publication des discours incendiaires qui se prononçaient à la tribune.
La censure servit donc mal le ministère,
s'il voulait en effet qu'aucun des deux
partis ne finît par l'emporter sur l'autre ;
et les royalistes furent sur le point de
succomber, dans une lutte où il ne leur
était pas possible de rendre les coups
qu'on leur portait ¹.

Ce fut alors que diverses tentatives de
soulèvement contre l'autorité royale se
firent, tant à Paris que dans les provinces.

Si ces premiers essais, commandés
par le *comité directeur*, n'amenèrent pas
une commotion générale, certes, nous

¹ Le *Conservateur* cessa de paraître pour ne pas
se soumettre à la censure.

n'en devons reconnaissance ni à la vigueur, ni à l'habileté du ministère ; mais
bien, d'une part, au bon esprit du *peuple*, proprement dit, qui voulait le maintien de l'ordre ; et d'autre part, à quelques autorités locales qui, se méfiant de
l'efficacité de la *bascule*, s'avisèrent tout
simplement de faire main-basse sur les
agens de révolte. Peut-être est-il juste de
dire aussi que la magistrature contribua
beaucoup à préserver l'état d'un plus
grand mal, par l'effet que produisirent
quelques exemples de sévérité; et, dans
ce cas, j'ai droit à une modeste part de
l'honneur qui lui en revient.

Au surplus, l'agitation, si imprudem-
ment entretenue en France, eut de plus
funestes conséquences pour l'Espagne.
Dans ce dernier royaume, le châtiment
des révolutionnaires d'Italie avait arrêté
la marche de la conspiration : mais quand
elle crut pouvoir compter encore sur l'ap-
pui des *frères et amis* de France, elle
reprit du cœur, et ne craignit plus de

déployer son étendard. Ainsi toute la res-
ponsabilité des malheurs qui affligèrent
alors l'Espagne, pèse sur le ministère
dont je parle en ce moment, sur ce ministère qui ne sut pas nous rendre un
calme dont nos voisins eussent profité,
qui ne sut pas rompre les communica-
tions établies entre les conjurés des deux
pays, qui, au contraire laissa inonder la
Péninsule d'un déluge d'écrits infâmes,
ouvertement imprimés et emballés à
Paris.

Il fallait bien que ce déplorable système eût la fin que le bon sens indiquait.
La minorité de nos deux chambres se
renforçait, chaque jour, de quelques mi-
nistériels de bonne foi, que tant de
preuves d'incapacité ramenaient à l'opposition de droite. Un membre de cette
opposition dans la chambre élective, le
spirituel M. Cornet d'Incourt, crut que
l'instant était venu d'avertir LL. EE. qu'il
y avait pour elles péril en la demeure :
tout passe, leur dit-il du haut de la tri-

bune, *tout passe*, *dans ce monde*, *même les ministères !*.... Bientôt la majorité quitta le *juste milieu* : LL. EE., qui se voyaient abandonnées, prirent de l'humeur ; elles voulurent parodier le coup d'état du 5 septembre 1816 ; la force leur manqua ; les porte-feuilles leur échappèrent.

Le *cinquième ministère* a eu plus de durée qu'aucun de ceux auxquels il succédait. A-t-il fait du bien, ou a-t-il fait du mal ? — Il a fait beaucoup de mal, et beaucoup de bien.

L'exposition des motifs de ce jugement me mènerait trop loin.

Je me borne à dire que le personnel de ce ministère avait inspiré aux royalistes la plus grande confiance, et qu'il ne la perdit qu'après avoir eu le malheur de donner sujet au reproche qui lui fut fait en ces termes : « Il n'a pu supporter » ni la gloire historique, unie à l'ascen- » dant des vertus, dans la personne d'un

» duc de Montmorenci ; ni la gloire mi-
» litaire dans la personne d'un noble
» maréchal, tout couvert de cicatrices ;
» ni la gloire littéraire et politique , dans
» la personne du vicomte de Château-
» briand !... »

Indè mali labes !... De là cette funeste division , qui forma deux partis
entre les royalistes, et dont les déplorables effets se font sentir encore aujour-
d'hui. De là le système semi-monarchi-
que et révolutionnaire , conçu dans le
dépit des regrets donnés par le plus
grand nombre des royalistes à la démis-
sion des trois ministres qui viennent
d'être nommés ci-dessus. De là le besoin de se faire une majorité composée
des deux *centres* de la chambre des députés. De là des concessions successives,
qui rendirent les hommes de la révolution de plus en plus exigeans, et qui
nous firent retomber dans l'ornière des
administrations précédentes. Le ministère s'aperçut bientôt qu'il était *débordé*

par la gauche, et qu'il se trouvait dans
l'alternative ou de marcher avec elle, ou
de faire casser la chambre : le principal
membre de ce ministère avait le cœur
assez royaliste pour ne pas se jeter dans
la première résolution ; la seconde fut
celle à laquelle il s'arrêta. Mais le résultat de cette mesure ne surprit que celui
qui était contraint d'y recourir : il se
trompa étrangement dans les calculs qui
lui promettaient des élections selon ses
vues, pour la composition d'une nouvelle chambre ; cette erreur causa sa
chute.

Ainsi tomba le cinquième ministère,
réduit à suivre le système dont je viens
de parler.

J'ai ouï dire que M. Cornet d'Incourt,
qui occupait une belle place sous ce ministère, se résigna de bonne grâce à subir l'*arrêt du destin*, qu'il avait pro-
clamé cinq ans auparavant.

Le temps que dura ce ministère four-
nira de belles pages aux historiens qui

transmettront à la postérité le souvenir
de la brillante invasion de l'Espagne par
les Français, en 1823 ; et de la délivrance de S. M. Ferdinand VII. Puisse
l'histoire ne parler, à ce sujet. que de
l'honneur de notre armée, et de la valeur
héroïque d'un auguste fils de France! ..
Puisse-t-elle ne rien dire de certaines
opérations politiques et financières, si
peu dignes de cette noble et chevaleres-
que expédition, que le sentiment de la
fraternité des rois fit ordonner par
S. M. Louis XVIII, et qui réunit sous les
mêmes tentes , sous le même drapeau,
nos anciens guerriers de l'empire avec
ceux de la monarchie , pour renouer
entre eux les liens de la *fraternité
d'armes!* ...

. Le *sixième ministère* fut, en quelque
sorte, imposé à la couronne par l'influence des élections qui produisirent la
chambre de 1828. Loin de moi, je le

répète, l'intention d'accuser les sentimens individuels des hommes que cette
nouvelle révolution de porte-feuilles fit
entrer au conseil : je ne veux arrêter mes
observations que sur le parti qu'ils crurent devoir prendre, pour se faire aussi
une *majorité.* Ce parti fut encore celui
des concessions.

Les deux projets de loi sur les communes et les administrations départe-
mentales mirent dans la plus grande évi-
dence l'atteinte qu'on allait porter à
l'autorité royale, et l'empiétement de
l'esprit démocratique : ils furent vivement
combattus par le côté droit de la chambre des députés, à cause du danger dont
ils menaçaient la monarchie ; mais ils
furent combattus plus vivement encore
par le côté gauche qui ne les trouvait pas
assez franchement dirigés vers le but qu'il
voulait atteindre, et qui proposa une
foule d'*amandemens , pour leur perfec-
tion.* La sagesse de S. M. Charles X termina heureusement ce débat, en ordon-

nant aux ministres de retirer les projets
de loi.

La discussion sur le budget ouvrit un
vaste champ aux attaques les plus scan-
daleuses contre tout ce qui gênait les projets de la faction ennemie du trône : on
demanda le licenciement des gardes du
corps, et de toute la garde royale ; on
demanda aussi le renvoi des suisses ; on
alla jusqu'à déclarer que si l'on n'obtenait
pas ces *économies*, le budjet serait re-
fusé !....

Ce fut au milieu de ces discours de
rébellion, que M. de Martignac, forcé
dans les derniers retranchemens de sa
politique incertaine, ressentit tout-à-
coup l'inspiration du courage, et s'écria,
du haut de la tribune, en s'adressant à
la gauche : « Messieurs, *nous marchons*
» *à l'anarchie !...* Oui, *nous marchons*
» *à l'anarchie*, en remettant chaque jour
» en question les bases de l'édifice so-
» cial ; oui, *nous marchons à l'anar-*
» *chie*, si, à l'occasion de toutes les

» questions , nous pouvons soumettre à
» l'épreuve d'un doute les institutions
» sur-lesquelles repose l'ordre public.
» *Nous marchons à l'anarchie!...* Mon
» devoir était de vous faire remarquer
» ces terribles conséquences. »

Voilà donc la *marche* de ce ministère
signalée par un de ses principaux organes !

Dans un autre moment, M. de Martignac dit au côté gauche : « Que faut-il
» enfin, Messieurs, pour vous satisfaire?
» Pourquoi montrer tant de défiance sur
» les intentions du gouvernement du
» Roi? Ne vous souvient-ils pas *de quel*
» *côté il a plu à Sa Majesté de choisir*
» *son ministère actuel?...* »

Voilà donc encore le ministère de
cette époque qui produit solennellement
son certificat d'origine !...

Toutefois, le budget passa, malgré
l'opposition de la gauche, mais avec
quelques rognures insignifiantes, qui ne
prouvent rien autre chose qu'une con-

cession de plus faite aux prétendus ama-
teurs des *économies*.

Les royalistes, les défenseurs de la légitimité n'ont pas vu sans surprise et
sans douleur un membre de ce ministère,
qui autrefois figurait honorablement dans
leurs rangs, attaquer par des discours et
des écrits virulens, le jeune prince dont
le courage a su ressaisir la couronne de
Portugal et des Algarves.

J'arrive enfin au *septième ministère*;
au ministère du *huit août mille huit cent
vingt-neuf.*
Ici commence une situation nouvelle
pour la monarchie française. Le regard
du Tout-Puissant s'est arrêté sur le trône
du roi très-chrétien : le Dieu de saint
Louis, le Dieu qui nous donna l'*Enfant
du miracle*, a vu la tristesse empreinte
sur le front de Charles X : il a entendu
les soupirs de ce prince si digne de l'a-
mour de tous ses sujets, contre lequel
pourtant ne cesse de conspirer la crimi-

6

nelle faction des *intérêts révolution-*
naires... C'en est assez : la France sera
sauvée!

Soudain un rayon de la clarté divine
pénètre l'âme du monarque : le moyen
de salut est irrévoclablement arrêté : le
dernier ministère des *concessions* est
congédié; le ministère du 8 *août* le rem-
place.

Rien ne prouve mieux combien les
choix du *Roi* pour la composition de
ce ministère doivent avoir d'heureuses
conséquences, que les transports de rage
auxquels se livrèrent tous les écrivains
de la faction anti-monarchique dès que
ces choix furent publiés par le *Moniteur.*
Le Roi, *de son propre mouvement*,
donne sa confiance à des hommes dont
le caractère honorable et la fermeté con-
nue pourront répondre aux vues de sa
haute sagesse, à des hommes qui, liés
entre eux par un commun dévouement
à Sa Majesté, sauront, à la fois, rallier
les opinions royalistes momentanément

divisées, et repousser victorieusement
les attaques de la révolution : faut-il s'é-
tonner de l'alarme aussitôt répandue
dans le camp de l'ennemi? Cette alarme
se manifeste par un déluge d'invectives
grossières, d'atroces calomnies; on s'ef-
force de provoquer des mouvemens de
colère, des *coups d'état*, dans l'espoir
qu'il en résultera quelque bouleversement..... Les nouveaux ministres font
abnégation de toute susceptibilité personnelle; ils restent impassibles; ils mé-
prisent cet abus scandaleux de la liberté
de la presse, ils ne font rien pour le
réprimer, se reposant sur la vigilance
des gens du Roi près les tribunaux, et
sur la justice de tous les corps de magistrature.

Dans cet état des choses, le ministère
se prépare à paraître devant les chambres
de 1830 : il espère que la volonté du Roi
sera respectée, que les intentions toutes
paternelles de Sa Majesté seront bien
comprises; il se flatte même que, dans

la chambre élective, les membres du
centre gauche, éclairés sur les projets
condamnables de ceux de l'extrémité,
voteront avec les royalistes.

La session va s'ouvrir. — Le 2 mars,
S. M. Charles X, du haut de son trône,
prononce solennellement le discours *de
la couronne*, qui se termine par les deux
paragraphes suivans :

« Messieurs, le premier besoin de
» mon cœur est de voir la France heu-
» reuse et respectée, développer toutes
» les richesses de son sol et de son in-
» dustrie, et jouir en paix des institu-
» tions dont j'ai la ferme volonté de con-
» solider le bienfait ; la charte a placé les
» libertés publiques sous la sauve-garde
» des droits de ma couronne : ces droits
» sont sacrés : mon devoir envers mon
» peuple est de les transmettre intacts à
» mes successeurs.

» Pairs de France, députés des Dé-
» partemens, *je ne doute pas de votre
» concours pour opérer le bien que je*

» *veux faire* : vous repousserez avec mé-
» pris les perfides insinuations que la
» malveillance cherche à propager : si
» de coupables manœuvres suscitaient à
» mon gouvernement des obstacles que
» je ne veux pas prévoir, je trouverais là
» force de les surmonter dans ma réso-
» lution de maintenir la paix publique,
» dans la juste confiance des Français,
» et dans l'amour qu'ils ont toujours
» montré pour leurs rois. »

Cette noble déclaration du *Roi-Che-*
valier, publiée dans la capitale et bientôt jusqu'aux extrémités du royaume,
fit partout éclater la joie et l'espérance
des fidèles sujets de Sa Majesté... On ne
sait que trop l'effet qu'elle produisit sur
la majorité de la chambre des députés!

Il s'agissait de voter, dans les deux
chambres, l'adresse prescrite par les for-
mes en usage. La chambre des pairs ne
fit pas attendre une réponse qui parut satisfaire toutes les convenances. Plus de
quinze jours s'écoulèrent avant que la

chambre des députés ne pût s'entendre
sur la rédaction qu'elle finit par adopter :
ce ne fut donc pas sans avoir pris le temps
de la réflexion , qu'elle osa faire outrage
à la majesté royale ; et pendant ce temps
elle était poussée à cet excès d'audace par
les déclamations toujours furibondes des
journalistes conspirateurs.

Aujourd'hui encore on ne relira point
de sang froid les passages de cette adresse
de la chambre élective , qui répondaient
aux deux paragraphes ci-dessus transcrits,
du discours du Roi, et qui , malgré l'af-
fectation d'un langage profondément hy-
pocrite, ne pouvaient manquer d'offen-
ser le cœur de S. M.

« Cependant, Sire, au milieu des sen-
» timens unanimes de respect et d'affec-
» tion dont votre peuple vous entoure , il
» se manifeste dans les esprits une vive
» inquiétude qui trouble la sécurité dont
» la France avait commencé à jouir, al-
» tère les sources de sa prospérité, et
» pourrait , si elle se prolongeait , deve-

» nir funeste à son repos. Notre con-
» science, notre honneur, la fidélité que
» nous avons jurée, et que nous vous
» garderons toujours, nous imposent le
» devoir de vous en dévoiler la cause. «

' » Sire, la charte que nous devons à la
» sagesse de votre auguste prédécesseur,
» et dont votre Majesté a la ferme vo-
» lonté de consolider le bienfait, consa-
» cre comme un droit l'intervention du
» pays dans la délibération des intérêts
» publics. Cette intervention devait être,
» elle est en effet, indirecte, sagement
» mesurée, circonscrite dans des limites
» exactement tracées, et que nous ne
» souffrirons pas que l'on ose tenter de
» franchir; mais elle est positive dans
» son résultat, car elle fait du concours
» permanent des vues politiques de vo-
» tre gouvernement avec les vœux de
» votre peuple, la condition indispensa-
» ble de la marche régulière des affaires
» publiques. Sire, notre loyauté, notre
» dévouement nous condamnent à vous

» dire *que ce* CONCOURS *n'existe plus.*

» Une défiance injuste des sentimens
» et de la raison de la France est aujour-
» d'hui la pensée fondamentale de l'ad-
» ministration. Votre peuple s'en afflige,
» parce qu'elle est injurieuse pour lui, et
» s'en inquiète, parce qu'elle est mena-
» çante pour ses libertés.

» Cette défiance ne saurait approcher
» de votre noble cœur. Non, Sire ; *la*
» *France ne veut pas plus de l'anarchie*
» *que vous ne voulez du despotisme* ;
» elle est digne que vous ayez foi dans sa
» loyauté, comme elle a foi dans vos pro-
» messes.

» Entre ceux qui méconnaissent une

---

¹ Ces mots sont copiés de l'adresse de la chambre
des pairs, où ils furent très-justement employés :
dans l'adresse de la chambre des députés, ils de-
viennent une véritable dérision. Oui, *la France ne*
veut point de l'anarchie ; mais les factieux de cette
dernière chambre *marchaient à l'anarchie*, témoin
la déclaration de M. de Martignac !

» nation si calme, si fidèle, et nous qui
» venons avec une conviction profonde,
» déposer dans votre sein *les douleurs de*
» *tout un peuple , jaloux de l'estime et de*
» *la confiance de son Roi* (c'est-à-dire,
les plaintes insolentes de quelques mil-
liers d'électeurs *libéraux*, et d'une cen-
taine d'écrivains factieux), que la haute
» sagesse de Votre Majesté prononce!
» etc. , etc. »

Il eût été beaucoup plus court, plus
clair et plus *loyal*, de la part des *deux*
cent vingt-un honorables qui votèrent
cette adresse, à une faible majorité, de
dire au Roi : « Sire, les ministres que Votre
» Majesté s'est permis de nommer, sans
» notre agrément, déplaisent à nous et à
» *tout un peuple* que nous représentons.
» Renvoyez ces ministres, acceptez-en
» d'autres, de notre choix ; sinon, *nous*
» *refusons notre* CONCOURS *aux actes de*
» *votre gouvernement* »

Telle est, en peu de mots, l'analyse
de l'adresse : S. M. Charles X ne pouvait

l'entendre et ne l'a pas entendue autrement.

. Dès lors on ne peut qu'applaudir,
comme a fait toute la France royaliste,
à la réponse sévère que le président et la
députation de la chambre reçurent de la
bouche de Sa Majesté.

« Monsieur, j'ai entendu l'adresse que
» vous venez de me lire au nom de la
» chambre des députés. J'avais droit de
» compter sur le concours des deux
» chambres pour accomplir le bien que
» je méditais. Mon cœur est affligé d'en-
» tendre les députés des départemens dé-
» clarer que, de leur part, ce concours
» n'existe pas.

 » Messieurs, je vous ai annoncé dans
» mon discours mes résolutions ; elles
» sont immuables : l'intérêt de mon peu-
» ple me défend de m'en écarter.

 » Mes ministres vous feront connaître
» mes volontés. »

Ainsi fut confondue l'arrogante pré-
tention des *deux cent vingt-un*, de for-

mer, dans l'intérêt de la révolution, le conseil des ministres du Roi!

Dès le lendemain, 19 mars, une ordonnance royale proroge la session des chambres jusqu'au mois de septembre.

Une autre ordonnance, du 16 mai, dissout la chambre des députés, et convoque les colléges électoraux pour de nouvelles élections.

La France attend maintenant, avec anxiété, le résultat de ces élections nouvelles. Nous donneront-elles une majorité royaliste? Ou bien, comme l'espère et le demande ouvertement la faction, les *deux cent vingt-un* seront-ils réélus et renforcés?

J'adresse au Ciel les vœux les plus sincères pour qu'il sorte des scrutins électoraux une autre chambre *introuvable;* et cela doit être, si les colléges, repoussant toutes les suggestions de l'esprit de parti, veulent *concourir,* autant qu'il dépend d'eux, *au bien que médite le Roi;* s'ils veulent aider Sa Majesté à mainte-

nir la tranquillité de l'Etat, premier
besoin de tous les Français intéressés à
la conservation des fortunes, à la prospérité de l'agriculture, du commerce et
des arts.

Je suppose toutefois qu'une si juste
attente soit trompée.... Eh bien ! dans ce
cas, le ministère sait *que les résolutions
du Roi sont immuables* : il sera fort de la
fermeté de Sa Majesté, qui soutiendra sa
propre énergie ; il ne reculera pas plus
devant une chambre hostile, au mois
d'août 1830, qu'il ne l'a fait au mois de
mars précédent.

Mais je prévois que, dans l'un ou l'autre cas, le ministère s'occupera des *institutions nécessaires à l'affermissement
de la monarchie selon la charte,* de ces
institutions qui sont réclamées et promi-
ses depuis long-temps ; que de conti-
nuelles agitations, *fomentées par les deux
cent vingt-un et leurs commettans,* ont
retardées d'une année à l'autre, et dont
le besoin se fait sentir aujourd'hui d'au-

tant plus impérieusement que nous avons plus d'expérience des désordres qu'elles eussent empêchés.

C'est dans cette circonstance, si digne de remuer un cœur Français, que je me sens appelé à une nouvelle *mission volontaire*, par les mêmes sentimens, qui dans d'autres temps, me déterminèrent à écrire sur les affaires publiques, c'est-à-dire, par le plus entier dévouement à mon Roi, et par l'espoir de rendre mes veilles utiles à la monarchie.

J'ose offrir à S. M. Charles X le respectueux hommage de mes pensées sur les institutions qui peuvent le mieux s'accorder avec l'esprit de la charte, comme avec *le véritable intérêt des libertés publiques, et avec les droits de la couronne, sous la sauve-garde desquels ces libertés seront toujours à l'abri de toute atteinte.*

Je ne suis plus retenu par les entraves qui, depuis 1814 jusqu'à présent, me

forcèrent au silence : je n'ai plus à combattre tel ou tel système ministériel, plus
ou moins dangereux pour la sûreté de
l'État.

Le ministère, désormais, n'aura plus
d'autres vues, d'autres soins que de seconder franchement et habilement les
résolutions immuables du Roi; il con-
tinuera de se montrer digne de la haute
confiance dont il est investi. Loin d'of-
fenser aucun de ses membres par la
publication de mon livre, peut-être serai-
je assez heureux pour que tous y recon-
naissent, sinon dans la totalité, du moins
dans une partie de mes propositions,
leurs propres opinions sur ce qui peut
enfin consolider la base du gouvernement du Roi.

C'est à regret, je dois le dire, que je
ne vois plus figurer dans ce ministère
M. le comte de la Bourdonnais : je res-
pecte, sans les connaître, les causes de
sa retraite ; mais je ne puis croire qu'elle
ait altéré en rien la pureté des principes

qui dirigeront les délibérations du conseil. Quelques nouveaux changemens
viennent d'avoir lieu encore dans le personnel des ministres : au moment où
j'écris ces lignes ', le cabinet se compose
de LL. EE.

MM.

Le prince de Polignac, ministre des
affaires étrangères, président du conseil;
Le comte de Bourmont, ministre de
la guerre ;
Le baron d'Haussez, ministre de la
marine et des colonies ;

De Montbel, ministre des finances;

Le comte Guernon de Ranville, ministre de l'instruction publique ;

Le comte de Peyronnet, ministre de
l'intérieur ;

De Chantelauze, garde des sceaux,
ministre de la justice;

' Cinq juin 1830.

. Le baron Capelle, ministre des travaux publics. ›

Ces noms annoncent assez que rien n'est changé dans le plan qui sera suivi pour le bien du royaume et l'honneur de la couronne. Un tel ministère méritera d'être appelé *le ministère* INTROUVABLE !..

Ainsi donc, plein d'espérances sur notre avenir, je reprends la plume, après avoir prouvé, je pense, que mes anciens travaux m'ont acquis le droit de fournir quelques matériaux pour achever la reconstruction de l'édifice social.

CONSIDÉRATIONS

SUR

L'ÉTAT DE LA FRANCE

EN 1850, ETC.

> Cunctas nationes et urbes populûs,
> aut primores, aut singuli regunt : de-
> lecta ex his et consociata reipublicæ
> forma laudari faciliûs, quam evenire;
> vel, si evenit, HAUD DIUTURNA ESSE
> POTEST.
>
> TACITE.—*Annales*, L. IV, § XXXIII.

~~~~~~

CHAPITRE PREMIER.

OPINION DE L'AUTEUR SUR LA CHARTE CONSTITUTION-
NELLE. — DANGERS DE LA MARCHE SUIVIE, JUSQU'A
PRÉSENT, POUR GOUVERNER AVEC LA CHARTE, SANS
LE SECOURS DES INSTITUTIONS COMPLÉMENTAIRES
DONT SON AUGUSTE FONDATEUR AVAIT SENTI LA
NÉCESSITÉ. — IL EST URGENT D'EN VENIR A CES
INSTITUTIONS.

J'ÉPROUVE une sorte de scrupule, en
abordant cette partie de mon sujet. Je

7

ne suis guère *constitutionnel*, dans mon opinion privée ; et cependant j'entreprends de rechercher quelles sont les institutions qui peuvent perfectionner et consolider le gouvernement auquel la France est soumise depuis la promulgation de la charte constitutionnelle, octroyée par S. M. Louis XVIII à ses peuples. Je regrette notre vieille monarchie ; et je veux faire profession d'attachement à la monarchie nouvelle, qui s'élève sur les ruines amoncelées par la révolution.

Une déclaration franche de mes principes et de mes intentions va, j'espère, démontrer que je ne dois pas être arrêté par cette difficulté.

J'avoue que dans le temps où je combattais, comme écrivain royaliste, pour la restauration du trône des Bourbons, j'étais loin de penser que l'établissement d'un gouvernement représentatif pût être le résultat de cette restauration. Le malheureux essai que nous avions fait d'une telle forme de gouvernement, en 1791 et 1792, suffisait bien pour m'autoriser à croire qu'on n'y reviendrait pas.

Je fondais l'espoir de notre avenir sur l'expérience du passé : les plus belles pages de notre histoire me montraient ce que Dieu, *qui protège la France*, fit toujours pour le salut de ce royaume, après de grandes crises politiques, en suscitant un de ces princes doués tout à la fois de sagesse et de force, qui savent mieux que des assemblées délibérantes ce qui peut convenir à la gloire et au bonheur de l'État.

Je ne citerai, à ce sujet, que ce qu'on a vu dans les temps les plus rapprochés de notre siècle.

A la fin du règne désastreux de Charles VI, la monarchie française semblait toucher au moment de sa dissolution : les étrangers s'étaient rendus maîtres de la plus grande partie de notre territoire; la couronne des lys, vendue par les honteux traités d'Arras et

de Troyes, allait passer sur la tête de
Henri V, roi d'Angleterre. Charles VII
parut : il fit appel *à Dieu et à son épée;*
il combattit vingt ans pour la délivrance
de Paris et des provinces envahies ; il finit
par demeurer paisible possesseur du trône
de ses pères. « Charles VII a mérité dans
» l'histoire le titre de *victorieux* et de
» *restaurateur de la France.* Il la trouva
» envahie, et il la reconquit ; en proie
» aux gens de guerre, et il les contint
» par la discipline ; mal pourvue de ma-
» gistrats, et il mit de l'ordre dans les
» tribunaux. La religion souffrait des abus
» introduits dans le clergé : le prince con-
» voqua des assemblées majestueuses,
» qui corrigèrent les mœurs ; et, par l'é-
» tablissement de la *Pragmatique,* il rap-
» pela les anciens canons, garans des li-
» bertés de l'Église gallicane. Enfin, ce
» qui met le comble à la gloire de son
» administration, c'est le régime des im-
» pôts, qui est la pierre de touche d'un
» bon gouvernement : le premier de nos

» rois, il en établit sans le secours des
» États-généraux, mais non sans le con-
» seil des grands et l'assentiment des
» principaux du peuple qui devait payer;
» aussi les leva-t-il sans éprouver de
» contradictions, parce qu'on était per-
» suadé de la nécessité de l'imposition,
» et de la justice dans l'emploi [1]. »

Sous Charles IX et Henri III, la France fut encore frappée de plaies profondes. Parvenu au trône, comme Charles VII,

« Et par droit de naissance, et par droit de conquête, »

Henri IV, guérit toutes ces plaies : il sut faire bénir son autorité *absolue*, mais paternelle, ainsi qu'il avait fait admirer sa vaillance. « Henri IV, surnommé *le*
» *Grand*, laissa un royaume florissant,
» des finances en bon ordre, quinze mil-
» lions, fruits de ses épargnes; déposés
» à la Bastille, plusieurs armées et ses

par Anquetil, tome III.

» places abondamment pourvues, un
» corps d'officiers braves et expérimen-
» tés, des alliances solides et un conseil
» bien composé.... Encore maintenant
» le nom de Henri IV présente l'idée d'un
» roi clément, doux, affable, bienfai-
» sant, plus recommandable même par
» la bonté de son cœur que par ses qua-
» lités héroïques [1]. »

Quelle époque fut jamais plus brillante et plus glorieuse pour notre pays, que celle où Louis XIV, après les troubles de la régence, saisit d'une main ferme les rênes du gouvernement, et répandit sur toute l'Europe l'influence de son puissant génie? Quel roi sut mieux ce qu'il pouvait entreprendre avec des Français, soit pour l'honneur de ses armes, soit pour le bien de l'Eglise, soit pour le perfectionnement de la législation, soit pour le progrès des sciences et des arts? « Ce monarque eut à la tête de

[1] *Histoire de France*, par Anquetil, tome VI.

» ses armées Turenne, Condé, Luxem-
» bourg, Catinat, Créqui, Boufflers,
» Montesquiou, Vendôme et Villars. Cha-
» teau-Renaud, Duquesne, Tourville,
» Dugay-Trouin commandaient ses es-
» cadres. Colbert, Louvois, Torcy,
» étaient appelés à ses conseils. Bossuet,
» Bourdaloue, Massillon lui annonçaient
» ses devoirs. Son premier sénat avait
» Molé et Lamoignon pour chefs, Talon
» et d'Aguesseau pour organes. Vauban
» fortifiait ses citadelles ; Riquet creusait
» ses canaux ; Pérault et Mansard con-
» struisaient ses palais ; Puget, Girar-
» don, le Poussin, le Sueur et le Brun
» les embellissaient ; le Nôtre dessinait
» ses jardins ; Corneille, Racine, Mo-
» lière, Quinault, La Fontaine, La
» Bruyère, Boileau éclairaient sa raison
» et amusaient ses loisirs ; Montausier,
» Bossuet, Beauvillers, Fénelon, Huet,
» Fléchier, l'abbé de Fleury élevaient
» ses enfans.... C'est avec cet auguste
» cortége de grands hommes, en tout

» genre, que Louis XIV se présente aux
» regards de la postérité[1] ! »

Frappé de ces magnifiques exemples,
je me flattais que le moment était venu
d'en voir un autre, non moins digne
d'admiration.

Ainsi, me disais-je, après la plus terrible des révolutions qui jamais aient
éclaté dans le royaume de France, après
vingt-cinq ans de délice populaire, d'a-
narchie, d'usurpation, d'impiétés, de
crimes et de guerres sanglantes, Dieu
nous réserve sans doute, avec le rétablissement de l'autorité légitime, les con-
solations d'un règne éclairé par sa grâce
et soutenu par sa haute protection. Si
Dieu a permis que Louis XVI et Louis
XVII périssent victimes du bouleversement opéré par la fausse philosophie du
dernier siècle, il a fait succéder à ces
deux rois-martyrs un prince qui saura

---

[1] Discours de l'abbé Maury à l'Académie française, prononcé le 1er janvier 1785.

profiter des leçons d'une douloureuse expérience, et qui a pu se convaincre que les concessions arrachées par la révolte ne sont un moyen de salut ni pour l'État, ni pour la couronne. Oui, S. M. Louis XVIII, une fois replacé sur le trône héréditaire, voudra gouverner comme Charles VII, Henri IV et Louis XIV : il ne consentira pas au partage des pouvoirs qui lui ont été transmis par de tels aïeux, et qu'il doit transmettre à ses successeurs, bien moins encore, dans l'intérêt de sa souveraineté, que dans celui de ses peuples!...

Au mois de mai 1814, à la rentrée du Roi, dans ses États, l'enthousiasme que fit éclater toute la population de la capitale et des provinces dut me fortifier dans mes espérances. Ne semblait-il pas alors que tout fût fini pour la révolution? Les transports de joie auxquels se livrèrent les Français ne semblaient-ils pas dire : « Les maux qui nous ont accablés pen- » dant vingt-cinq ans, par suite des

» cruelles atteintes portées à l'autorité
» royale, ne pouvaient être guéris que
» par le rétablissement de cette autorité
» tutélaire dans tous ses droits? »

Chacun d'eux ne semblait-il pas crier,
avec M. Berchoux :

Vive le Roi! voilà toute ma politique¹...!

J'avoue qu'en arrivant à Paris, au
mois de juin suivant; je m'attendais à
voir écrit sur le fronton du palais des
chambres :

« DE PAR LE ROI,

» Je veux que cet endroit désormais soit fermé,
» Et que tout rentre ici dans l'ordre accoutumé.... »

J'avoue que je regardais cette résolution comme arrêtée depuis long-temps,
comme irrévocablement annoncée par
la déclaration de S. M. Louis XVIII,
publiée à Vérone, en juillet 1795.

¹ Poeme de la Politique.

Mais les vues de Sa Majesté avaient changé avec le temps : ses profondes méditations, pendant la longue durée de son exil, lui firent juger que l'ancienne constitution de la monarchie française devait être modifiée ; sa haute sagesse octroya la charte...

La charte fut proclamée : elle forme aujourd'hui la base du gouvernement de l'Etat ; tous les fonctionnaires publics lui ont prêté serment d'obéissance ; moi-même, en ma qualité de magistrat, j'ai soumis ma raison et engagé ma foi.

C'est donc sans aucune arrière-pensée que j'écris aujourd'hui pour le maintien de la charte.

Qu'il me soit permis toutefois de publier mon opinion sur le bien ou le mal que peut produire ce monument constitutionnel, suivant l'esprit qui en dirigera l'influence.

Ici se présente l'occasion de recommander à l'attention de mes lecteurs l'épigraphe qui figure en tête de ce premier chapitre.

Le passage de Tacite fait voir que le gouvernement représentatif, dans un état monarchique, n'est pas une conception de l'âge moderne, et que cette forme de gouvernement occupa la pensée des publicistes bien avant qu'elle ne fût adoptée par l'Angleterre : il fait voir en même temps quel jugement portait l'auteur latin sur les conséquences qui lui paraissaient devoir en résulter. « Les na-
» tions et les cités, dit-il, sont gouver-
» nées, ou par un pouvoir démocratique,
» ou par un pouvoir oligarchique, ou
» par le pouvoir d'un seul. Entreprendre
» d'établir un gouvernement composé de
» ces trois élémens *associés*, ce peut être
» une idée digne d'éloge, mais plus fa-
» cile à louer qu'à réaliser ; ou, si elle se
» réalisait, un tel gouvernement *ne sau-
» rait être de longue durée.* »

-. Certes, Tacite avait bien prévu le danger de l'amalgame des trois pouvoirs, et

la difficulté extrême de maintenir entre
eux une juste balance!

Un tel gouvernement, dans toute sa
pureté spéculative, *ne peut être de longue
durée :* et pourquoi? si ce n'est parce que
les pouvoirs tendront toujours à l'empiétement d'un seul sur les deux autres,
et parce que, avant peu, ceux qui auront
souffert l'empiétement resteront asservis
au plus habile ou au plus fort.

Mais, dira-t-on, le jugement de Tacite ne peut pas faire autorité, car il est
dénué de motifs tirés de l'expérience : il
ne cite aucun exemple d'une société
régie par la réunion des trois pouvoirs,
qui soit tombée en dissolution, faute
d'équilibre. Les temps modernes, au
contraire, ont acquis une expérience qui
dément la *prévision* de votre auteur : le
problème est résolu, dans un sens tout
opposé, par le spectacle que présente
au monde, depuis près de deux siècles,
la nation britannique, heureuse et florissante sous son gouvernement, modèle de

celui qui vient récemment de s'établir en
France.

Parmi la foule des écrivains dont la
plume s'exerce sur nos affaires publiques,
et parmi les orateurs de nos chambres,
il est beaucoup de bons esprits auxquels
cette objection a paru manquer de fon-
dement. Je réponds, avec ceux-ci, que
l'exemple de l'Angleterre, loin de pouvoir être opposé au jugement, ou, si
l'on veut, à l'opinion de *mon auteur*,
démontre l'impossibilité de maintenir
long-temps les trois pouvoirs dans un
juste équilibre, et prouve, par conséquent, que le gouvernement représentatif, proprement dit, n'est qu'une belle
chimère, *plus facile à louer qu'à réaliser*.

En effet, on ne peut pas dire que cette
forme de gouvernement se soit main-
tenue en Angleterre, depuis sa fonda-
tion jusqu'à présent, dans sa *pureté
spéculative.* Dès les premières années,
l'équilibre fut rompu, et l'empiétement

d'un pouvoir sur les deux autres eut lieu.
Ce ne fut pas le pouvoir populaire qui
l'emporta ; car, à l'instant même, toute
la machine se fût écroulée, et la plus
affreuse anarchie eût probablement fini
par faire surgir de nouveau l'autorité
d'un seul maître. Ce fut l'aristocratie qui
prit le dessus, et heureusement elle fit
alliance étroite avec la couronne, alliance sans laquelle, malgré tout l'ascendant que lui donnaient ses richesses
et ses vastes possessions territoriales,
elles n'eût pas réussi, sans doute, à s'assurer la principale part dans la direction
des affaires de l'Etat. Il résulte de là que,
chez nos voisins d'outre-Manche, le
pouvoir monarchique ne jouit peut-être
pas de toute la force qui lui appartient ;
mais que du moins il est à l'abri des
atteintes de la démocratie, se trouvant
soutenu par les *primores* de Tacite,
c'est-à-dire par la classe de ses sujets la
plus intéressée à la tranquillité comme à
la prospérité et à l'honneur du royaume.

J'ajouterai que, dans cet état de choses,
le peuple n'est pas dépouillé de toute
participation aux affaires publiques : il
est représenté dans la chambre des communes ; on profite des lumières que ré-
pandent les discussions soutenues par
ses orateurs ; seulement le système électoral a été combiné de manière à ce
qu'une majorité séditieuse ne puisse pas
se former dans cette chambre. La liberté
de la presse est encore un moyen laissé
au peuple anglais pour défendre ses intérêts, pour faire entendre ses doléances :
mais l'abus de cette liberté, dès qu'il se
manifeste, est sévèrement réprimé par
des lois efficaces, dont les tribunaux font
toujours une juste application.

Tel est, ce me semble, en peu de
mots, le tableau du régime constitutionnel qui s'est établi et qui se soutient dans
la Grande-Bretagne.

Ce n'est pas là du tout la forme de
gouvernement, condamnée par Tacite
à mourir en naissant.

La forme de gouvernement prévue par Tacite fut bien, à la vérité, celle que les novateurs anglais voulurent introduire dans leur pays ; mais à peine l'eurent-ils mise à l'épreuve, qu'elle subit la *condamnation :* il n'en resta que ce qui pouvait convenir à la sûreté du trône, à la conservation des propriétés, et en même tems aux véritables intérêts du peuple, qui n'a d'autres besoins réels que la protection due à l'agriculture, au commerce et aux arts.

Louis XVIII vécut assez long-tems en Angleterre, et était doué d'une assez grande clairvoyance en matière de gouvernement, pour ne s'être pas mépris dans l'examen qu'il dut faire de la constitution qui régit ce royaume : Louis XVIII ne put donc avoir la pensée de renouveler en France l'essai dangereux que risquèrent nos voisins vers la fin du 17ᵉ siècle. Il ne voulut pas mettre son pouvoir en présence de deux autres pouvoirs *égaux*, avec la chimérique espé-

rance que la plus parfaite harmonie rè-
gnerait toujours dans l'exercice de ces
pouvoirs *associés;* il ne voulut même pas
se prémunir uniquement contre l'empiétement de la démocratie ; son intention
fut encore de contenir l'aristocratie dans
des limites insurmontables , de telle manière que la majesté et la prédominence
du Souverain pussent à jamais demeurer
hors de toute contestation. En un mot,
Louis XVIII , dans sa sagesse paternelle,
jugea qu'il était convenable , et satisfaisant pour son cœur , d'appeler les grands
de l'Etat et les mandataires du peuple à
concourir avec leur Roi au bien qu'il
méditait, pour faire jouir tous ses sujets
des heureux fruits de la restauration :
mais il n'entendit pas que ce concours
pût être considéré comme une conces-
sion de la faiblesse , et encore moins
comme la source de toutes les concessions nouvelles que voudrait obtenir,
par des menaces et par des actes de révolte, la faction des ennemis du trône.

Pour se bien pénétrer de l'esprit de notre charte constitutionnelle, il ne faut pas l'isoler de son *préambule*, comme on affecte de le faire dans la plupart des livres où elle est copiée, *notamment dans l'*ALMANACH ROYAL : je crois donc nécessaire de reproduire ici ce qui doit être le plus remarqué parmi les hautes considérations que présente ce préambule.

« Nous avons considéré, dit l'auguste
» auteur de la charte, que bien que l'au-
» torité tout entière résidât en France
» dans la personne du Roi, nos prédé-
» cesseurs n'avaient point hésité à en
» modifier l'exercice, suivant la diffé-
» rence des tems ; que c'est ainsi que les
» communes ont dû leur affranchisse-
» ment à Louis-le-Gros, la confirmation
» et l'extension de leurs droits à saint
» Louis et à Philippe-le-Bel ; que l'ordre
» judiciaire a été établi et développé par
» les lois de Louis XI, de Henri II et de
» Charles IX, enfin, que Louis XIV a
» réglé presque toutes les parties de l'ad-

» ministration publique par différentes
» ordonnances dont rien encore n'avait
» surpassé la sagesse.

» Nous avons dû, à l'exemple des rois
» nos prédécesseurs, apprécier les effets
» des progrès toujours croissans des lu-
» mières , les rapports nouveaux que ces
» progrès ont introduit dans la société ,
» la direction imprimée aux esprits de-
» puis un demi-siècle , et les graves al-
» térations qui en sont résultées : nous
» avons reconnu que le vœu de nos su-
» jets pour une charte constitutionnelle
» était l'expression d'un besoin réel :
» mais , en cédant à ce vœu , nous avons
» pris toutes les précautions pour que
» cette charte fût digne de nous et du
» peuple auquel nous sommes fier de
» commander....

» En même tems que nous reconnois-
» sions qu'une constitution libre et mo-
» narchique devait remplir l'attente de
» l'Europe éclairée , nous avons dû nous
» souvenir aussi que notre premier devoir

» envers nos peuples était *de conserver*,
» *pour leur propre intérêt*, *les droits et*
» *les prérogatives de notre couronne*. Nous
» avons espéré qu'instruits par l'expé-
» rience, ils seraient convaincus que l'au-
» torité suprême peut seule donner aux
» institutions qu'elle établit la force, la
» permanence et la majesté dont elle est
» elle-même revêtue; qu'ainsi, lorsque
» la sagesse des rois s'accorde *librement*
» avec le vœu des peuples, une charte
» constitutionnelle peut être de longue
» durée: *mais que*, *quand la violence*
» *arrache des concessions à la faiblesse*
» *du gouvernement*, *la liberté publique*
» *n'est pas moins en danger que le trône*
» *lui-même.*

» Nous avons cherché les principes de
» la charte constitutionnelle *dans le ca-*
» *ractère français et dans les monumens*
» *vénérables des siècles passés.* Ainsi,
» nous avons vu dans le renouvellement
» de la pairie une institution vraiment
» nationale, et qui doit *lier tous les sou-*

» venirs à toutes les espérances , en réu-
» nissant les tems anciens et les tems mo-
» dernes. Nous avons remplacé par la
» chambre des députés ces anciennes as-
» semblées des champs de mars et de mai ,
» et ces chambres du tiers-état , qui ont
» si souvent donné tout à la fois des
» preuves *de zèle pour les intérêts du*
» *peuple , de fidelité et de respect pour*
» *l'autorité des rois.*

   » En cherchant ainsi à *renouer la*
» *chaîne des tems* , que de funestes écarts
» avaient interrompue , nous avons ef-
» facé de notre souvenir , comme nous
» voudrions qu'on pût les effacer de
» l'histoire , tous les maux qui ont affligé
» la patrie durant notre absence. Heu-
» reux de nous retrouver au sein de la
» grande famille , nous n'avons su ré-
» pondre à l'amour dont nous recevons
» tant de témoignages qu'en prononçant
» des paroles de paix et de consolation.
» Le vœu le plus cher à notre cœur,
» c'est que tous les Français vivent en

» frères, et que jamais aucun souvenir
» amer ne trouble la sécurité qui doit
» suivre l'acte solennel que nous leur ac-
» cordons aujourd'hui....... »

En relisant cet admirable manifeste
de la bonté et de la sagesse de S. M.
Louis XVIII, tous les vrais Français res-
sentiront la plus profonde émotion.

Voilà l'esprit de notre charte constitutionnelle !

Qu'on rapproche maintenant de ce
préambule tous les articles organiques,
et l'on verra qu'en effet ils répondent
parfaitement à la triple intention, 1.º *de*
réunir les tems anciens et les tems moder-
nes, de renouer la chaîne des tems ; 2º de
conserver les droits et les prérogatives de
la couronne ; 3º de remplacer par une
chambre des députés ces anciennes as-
semblées des champs de mars et de mai,
et ces assemblées du tiers-état, qui ont
si souvent donné tout à la fois des preu-
ves de zèle pour les intérêts du peuple,

de fidélité et de respect pour l'autorité des rois.

Notre charte constitutionnelle n'établit donc pas la forme de gouvernement *prévue et condamnée par Tacite*; elle diffère même de la constitution anglaise en un point · très - essentiel , puisqu'elle laisse beaucoup plus de force et de prépondérance à l'*autorité des rois*. On peut justement dire que cette charte n'a pas soumis la France à un gouvernement de forme toute nouvelle; mais qu'elle n'a fait que modifier, suivant l'exigence du temps présent, l'ancien gouvernement de la monarchie.

Ainsi, mes lecteurs ne penseront point que le choix de mon épigraphe ait eu pour objet de signaler notre gouvernement actuel, comme ne pouvant avoir une longue durée. J'ai voulu seulement annoncer les dangers qui nous menacent, si l'on persiste à s'écarter de l'esprit de la charte constitutionnelle, comme on a fait depuis sa promulgation, et si l'on veut toujours s'attacher à la *chimère* dépeinte par Tacite.

Comment se fait-il que *le vœu le plus cher au cœur de Louis XVIII*, celui de voir tous le Français *vivre en frères, et jouir paisiblement des heureux fruits de la restauration*, ait été si cruellement trompé? D'où vient que ce bon Roi, salué du surnom de *Désiré*, à sa rentrée *au sein de la grande famille*, fut en proie aux inquiétudes et à la douleur jusqu'au moment de sa mort? D'où vient que son digne successeur, S. M. Charles X, qui n'a non plus d'autre désir que celui de voir la France tranquille et florissante, éprouve aussi tant d'ingratitude, pour tant de bienfaits qu'il ne cesse de répandre, ainsi que son auguste famille?

Il faut dire ce que je pense à cet égard!... Tout le mal vient des différens ministères qui, depuis 1814, ont été chargés de la direction des affaires de l'Etat ; ou, pour faire une distinction que réclame la justice, tout le mal vient des majorités qui ont prévalu dans leurs conseils.

 La grande faute que je leur reproche, c'est de ne s'être pas assez pénétrés de *l'esprit de la charte constitutionnelle*, et d'avoir résisté aux élucidations qui ne durent pas leur être épargnées, à ce sujet, dans leurs conférences intimes et fréquentes avec le souverain ; — C'est d'avoir considéré la France comme un pays qui ne devait plus ressembler en rien à ce qu'il était autrefois, et dont le gouvernement ne devait plus être en harmonie qu'avec les intérêts nés de la révolution: — C'est d'avoir embrassé *la chimère des trois pouvoirs égaux, et de leur équilibre parfait;* — C'est d'avoir sacrifié à cette vaine théorie les droits de la couronne ; — C'est de n'avoir rien fait pour opposer des barrières solides à l'empiétement de la démocratie, pour réduire la chambre élective à la seule influence raisonnable qu'elle puisse exercer,

comme elle l'exerce en Angleterre ; —
Enfin, c'est de n'avoir pas su concevoir
le plan des *institutions complémentaires
de la charte*, dont le besoin se fait sentir
à tous les véritables hommes d'état, de
ces institutions que la volonté du Roi
prescrivait, que les ministres eux-mêmes
ont annoncées quelques fois, et auxquelles il semblait que la création de la
chambre *septennale* allait leur donner le
temps de travailler.

Depuis seize ans, les *six ministères*
dont j'ai rapidement analysé les systèmes
dans mon introduction, n'ont fait que
tenir le royaume dans un état continuel
d'agitations et de crises alarmantes; et ils
n'ont pas senti que tout ce désordre ne
doit s'attribuer qu'à leur propre aveuglement, sur les moyens de rendre à l'autorité souveraine toute la force qui lui
est nécessaire, plus encore pour le bonheur des sujets, que pour la sûreté du
trône.

Je conviens, si l'on veut, que ces mi-

nistères ont eu des momens difficiles,
que les factions ont troublé la paix publique, et qu'ils ont été forcés de recourir à des mesures de circonstances
pour résister aux attaques dirigées contre
eux : d'où il suit, peut-on dire, que la
nécessité d'*aller au jour le jour* ne leur
a pas laissé la tranquillité d'esprit dont
ils avaient besoin pour se livrer aux
grandes méditations qui seules pouvaient
leur faire trouver un plan raisonné et
fixe de gouvernement. Mais cette excuse
ne les justifierait pas à mes yeux; car ce
sont précisément leurs mesures de circonstances, leurs hésitations et leurs
concessions qui ont, en quelque sorte,
provoqué toutes les entreprises des ennemis de la paix publique. Chacun de
ces ministères, en acceptant les porte-
feuilles, devait se présenter avec un plan
de conduite franchement tracé selon l'esprit de la charte constitutionnelle, et
marquer ses premiers pas dans l'administration par l'empreinte d'une dé-

marche imposante , qui eût montré la
ferme résolution de ne pas reculer devant les obstacles. Au moins fallait-il, à
défaut de plan convenu d'avance , s'attacher provisoirement à comprimer les
factions, à leur opposer toute la force de
l'opinion royaliste , à gagner ainsi le
temps où le calme, une fois établi, eût
permis de s'occuper des institutions, des
lois et des réglemens nécessaires pour
rendre désormais inébranlables les bases
de la monarchie.

Il semble, au contraire, que chacun
des précédens ministères ait pris à tâche
de seconder, par son inertie, par sa
faiblesse; et même par ses actes, les
desseins de certains hommes qui font
jouer si constamment tous les ressorts de
l'expérience révolutionnaire, pour renverser encore une fois le trône.

C'est ainsi qu'on a vu tour à tour
adopter les idées administratives les plus
incompatibles avec le gouvernement monarchique, telles que l'exclusion presque

absolue des royalistes de tous les emplois, la violation du respect dû à la religion et à ses ministres, la funeste direction donnée à l'instruction publique,
le mode électoral auquel nous devons les
majorités hostiles de la chambre des députés, et, en dernier lieu, le projet de
loi sur les communes et les conseils des
départemens.

. Mais j'en ai dit assez sur les fautes qui
ont été commises.

Les conséquences de ces fautes se font
sentir aujourd'hui par les dangers qui
nous menacent, et dont nous ne pouvons plus nous dissimuler la réalité depuis que nous avons vu, pour ainsi dire,
arborer l'étendard de l'insurrection, le
19 mars dernier, jour où l'on osa présenter au Roi l'adresse des *deux cent
vingt et un.*

Oui, la France est en danger! Oui,
nous sommes arrivés au moment où nous
pouvons dire avec Tacite, en considé-
rant notre charte constitutionnelle aux

prises avec l'empiétement de la démocratie, *Haud diuturna esse potest !*....

Tous les fidèles sujets du Roi, tous les
amis sincères de la charte, telle que
S. M. Louis XVIII l'avait conçue, se de-
mandent s'il serait possible que cet état
de choses fût supporté plus long-temps :
tous appellent de leurs vœux la détermi-
nation royale qui doit y mettre fin une
bonne fois; tous se flattent que le nouveau ministère répondra dignement aux
vues de la sagesse de S. M. qui, dès le
8 août 1829, a suffisamment manifesté,
par le choix même de ce ministère, la
volonté de renverser, d'un coup décisif,
l'opposition factieuse, en laissant toutefois à l'opposition raisonnable et dé-
cente le droit de se prononcer.

Cette volonté de notre Roi bien-aimé,
si fortement exprimée encore dans le
discours de Sa Majesté, à l'ouverture de
la session des chambres, le 3 mars dernier, ne peut s'accomplir que par un
prompt retour *à l'esprit de la charte*, et

par les institutions qui doivent en com-
pléter la salutaire influence.

Ce n'est pas ici une opinion tout à la
fois personnelle et isolée que je hasarde.

Je puis dire d'abord que c'est l'opinion du Roi; et je me trouve heureux
de rappeler, comme preuve, le passage
suivant de la réponse de S. M. à l'adresse
de la chambre des pairs, au 31 décembre 1824 : « Je vous ferai présenter
» une loi qui, je n'en doute pas, réu-
» nira tous les Français, comme ils sont
» réunis dans mon cœur. Mais *je ne*
» *m'en tiendrai pas là; je vous ferai*
» *proposer successivement toutes les amé-*
» *liorations que je croirai utiles à un*
» *peuple qui m'est si cher.* » Que faut-il
entendre par ces *améliorations*, si ce
n'est le complément des institutions de
la charte ?

L'intention bienfaisante de S. M.
Charles X a été comprise généralement
par ses sujets dévoués : beaucoup d'orateurs, dans les deux chambres, ont parlé

différentes fois de la nécessité de ces
institutions complémentaires, sans lesquelles l'ordre parfait ne peut régner
en France; ils ont stimulé sur ce point
la sollicitude des ministres passés.

Les journaux royalistes, même ceux
qui l'étaient naguère et qui ne le sont
plus, ont aussi témoigné leur étonnement du retard que mettaient les ministres à remplir la tâche indiquée à leur
zèle par les paroles augustes que je viens
de citer. Parmi ces journaux, j'aime à
faire mention particulière de la *Quotidienne*, qui soutient avec tant de con-
stance et de courage, avec une si louable
indépendance de toute coterie, avec une
si pure abnégation de tout intérêt personnel, les principes conservateurs contre lesquels sont déchaînées les passions
délirantes qu'enfanta la révolution.

Plusieurs écrivains privés se sont de
même occupés des institutions dont le
besoin se fait sentir, et je crois devoir les
signaler en ce moment à l'attention de

9.

quiconque voudra porter ses pensées sur
cet important sujet.

Le premier dont je veux parler, est
M. Chrestien de Poly, mon collègue à
la cour royale de Paris, connu déjà par
un ouvrage intitulé *Essai sur l'autorité
paternelle*, et qui, en 1825, inspiré par
les termes de la réponse de S. M. Charles X à l'adresse de la chambre des pairs,
publia un autre ouvrage, sous le titre
d'*Institutions et Lois nécessaires à la
France*. Honorables sentimens, érudi-
tion profonde, modération et dignité
dans le langage, discussions lumineuses
sur les matières qu'embrasse ce dernier
traité : tels sont les différens genres de
mérite qui le recommandent aux lecteurs.

Un autre de mes collègues à la cour
royale, M. Cottu, auteur de plusieurs
brochures sur la politique, en a publié
récemment deux que j'ai pu lire sans me
trouver d'avis tout à fait opposés aux
siens. Magistrat très distingué par ses lu-

mières et, par la netteté de ses idées en
jurisprudence , homme d'esprit vif et
brillant dans le monde, M. Cottu n'a-
vait pas su se préserver des erreurs du
siècle, sous le rapport de la religion ,
non plus que sous le rapport des principes auxquels doivent s'attacher tous les
amis de la monarchie : ses premiers écrits
se ressentirent de ces erreurs ; ils le firent
connaître comme tenant à l'opposition
philosophico-libérale. Heureusement l'excès du mal causé par son parti finit par
l'éclairer sur le danger de l'Etat : dès lors
nous le vîmes entrer dans nos rangs ;
dès lors le trône eut un défenseur de
plus, qui s'annonça par les deux brochures de 1829 et de 1830. J'admire le
courage, la force d'ame et de style qui
se font remarquer dans ces derniers
écrits de M. Cottu ; mais je déclare à regret que j'y trouve encore quelques restes
du *vieil homme,* qui se décèlent par quelques pensées et propositions peu monarchiques , suivant moi, sur lesquelles j'au-

rai plus tard occasion de m'expliquer. Je
veux dire pourtant, dès à présent, ce qui
me semble *peu monarchique* dans le titre
de la brochure du mois de mars 1830,
De la Nécessité d'une dictature. Que
serait-ce donc qu'une *Dictature* en
France, quand nous avons pour sauve-
garde l'autorité du Roi? Qu'est-il besoin
d'emprunter ici une dénomination ré-
publicaine ?

« Qui nous délivrera des Grecs et des Romains[1] ? »

Il est beau, toutefois, il est satisfaisant
de voir notre Néophyte du royalisme s'é-
lancer impétueusement dans l'arène,
pour combattre les hommes de la révolution, dont il doit connaître le côté vul-
nérable : j'applaudirai à ses efforts et à
ses succès ; je ne doute pas qu'il ne me
mette bientôt dans le cas d'applaudir
également à tout ce qu'il écrira, lorsque,

[1] Berchoux.

mieux instruit des habitudes de notre camp, il se renfermera dans les bornes de la retenue et des convenances.

M. Madrolle et ses coopérateurs ont publié et dédié à S. E. M.ᵍʳ le prince de Polignac, président du conseil des ministres, un ouvrage intitulé *Mémoire au Conseil du Roi, sur la véritable situation de la France, et sur l'urgence d'un gouvernement contraire à la révolution.* Je dois éviter de me prononcer sur cet écrit, qui est en ce moment déféré aux tribunaux : quand j'aurai rempli mon devoir de magistrat, je pourrai rendre hommage à ce qu'il y a d'utile dans les vues de ses auteurs.

M. Azaïs a publié plusieurs *Lettres au Roi*, sur la situation de la France, et sur les moyens de sortir de la crise où nous sommes. Cet idéologue, honnête homme, qui, dans les illusions de son cœur cosmopolite, prétend gouverner le genre humain tout entier par le *Système des compensations*, ou ce qu'il appelle main-

tenant son *Système universel*, vient de
jeter un regard particulier sur les Français; il a recherché les causes de leurs
dissentimens politiques ; il en a vu les
effets; il proclame l'impossibilité de nous
sauver par la *compensation du bien et
du mal :* en un mot , M. Azaïs convient
que son système nous est *inapplicable*,
du moins quant à présent ; et , pour ne
pas laisser le mal l'emporter sur le bien,
il nous propose , comme M. Cottu, la
Dictature de conservation, c'est-à-dire,
en langue française, pure et suffisamment intelligible, la force qui appartient
à l'autorité du Roi '.

' M. Azaïs a bien prévu l'étonnement que ce mot
Dictature devait causer aux royalistes *ombrageux*,
et il s'explique ainsi sur l'emploi qu'il en fait : « De-
» puis assez long-temps le mot *Dictature* reposait en-
» seveli dans l'histoire des peuples anciens : quel-
» ques écrivains, parmi lesquels je me suis rangé,
» ont cru récemment devoir le reproduire, comme
» répondant d'avance à une des nécessités éventuel-
» les de notre situation. » — Je dis, moi, que, pour

, Je viens de voir, dans la *Quotidienne*[1], une lettre d'un pair de France, M. le comte de Saint-Roman, qui a toujours embrassé noblement la défense des prérogatives de la couronne, soit dans ses discours à la tribune, soit dans des écrits très remarquables, notamment dans sa *Réfutation de Montesquieu sur la Balance des Pouvoirs*. Le danger de la situation où nous ont amenés les fautes des précédens ministères détermine M. le comte de Saint-Roman à sonner aussi l'alarme, et à montrer le drapeau sous lequel doivent se rallier tous les amis du Roi, même ceux qui, royalistes plus *con-*

les Français, la nécessité de la situation présente, et de tous les temps, c'est l'autorité paternelle du Roi. Je dis que le mot *Dictature* est essentiellement anti-monarchique, puisqu'il rappelle la *souveraineté du peuple*, cette souveraineté que le peuple romain abdiquait momentanément, dans les grandes crises, pour la confier à un *Dictateur*, qui était comme roi pour un jour, et qui, le lendemain, n'était plus rien.

[1] Voir le n° du 7 juin 1830.

ditionnels que nous, songent principalement aux intérêts du *pays*, aux moyens d'éviter l'anarchie, pour conserver la tranquillité des familles, la possession des biens, et toutes les libertés publiques compatibles avec le pouvoir du gouvernement.

Enfin, je reçois aujourd'hui [1] une brochure de M. le vicomte de Calvimont Saint-Martial, intitulée *Le Libéralisme en présence des Élections*, dans laquelle ce jeune écrivain donne une nouvelle preuve, très-honorable, des sentimens tout à la fois religieux et monarchiques dont il fait profession, ainsi que du talent avec lequel il les énonce. L'objet que s'est proposé cette fois M. de Calvimont est de prémunir les électeurs contre tous les moyens de séduction qu'emploie le *comité-directeur*, secondé par les journalistes de la faction, pour gagner des suffrages aux *deux cent vingt-un*. Il

[1] Dix juin.

parle au cœur et à la raison des Français ;
il peint avec autant de force que de vérité,
les desseins perfides et les manœuvres du
libéralisme ; il invoque et appelle de tous
ses vœux les institutions qui pourront
soutenir l'autorité royale et la rendre iné-
branlable ; enfin il recommande aux colléges électoraux de n'envoyer à la nouvelle chambre que des loyaux et fidèles
mandataires, qui, loin de trahir les véritables intérêts de la France en résistant
aux intentions bienfaisantes de son Roi,
regarderont comme leur premier devoir
et tiendront à honneur de CONCOURIR
aux institutions, aux améliorations que
médite cet excellent prince pour le bon-
heur de ses peuples[1].

---

[1] Depuis que j'ai livré ces pages à l'impression,
il paraît plusieurs autres écrits, annoncés avec éloge
par les journaux royalistes : celui qui a pour titre,
Aux Hommes monarchiques, par M. le marquis de
la Gervaisais ; l'*Opposition en* 1830, par M. Fresse-
Montval ; *Du Devoir des Électeurs*, par un ano-
nyme ; *Du Devoir des cent mille Électeurs du Roi*,

Voilà donc un concert imposant de
vœux hautement exprimés, pour que
l'autorité royale se renforce suivant l'esprit de la charte, des lois et institutions
qui, seules, pourront la garantir désormais des empiétemens de la démocratie.

Je viens, à mon tour, payer le tribut
de mon dévouement et de mon expérience en affaires d'état : je viens proposer un plan d'institutions, qui me paraît
propre à faire atteindre le but de tant de
sollicitudes.

Les devoirs de mes fonctions publiques,
et l'urgence du moment où nous sommes,
ne me permettent pas de donner à l'exposition de ce plan tout le développe-
ment que comporteraient les vues de
détail. Je me bornerai donc à présenter
d'abord un aperçu d'*ensemble*, avec la

par les auteurs du *Mémoire au Roi* (M. Madrolle et
ses collaborateurs); et enfin l'ouvrage de M. le vicomte de Saint-Chamans, intitulé : *Aux Hommes
de bonne foi, sur les questions politiques de* 1830.

discussion nécessaire pour faire comprendre les motifs qui me déterminent à
l'égard de chacune des principales bases.
Plus tard, je donnerai suite à cet ouvrage : je m'étendrai sur les points qui
me paraîtront susceptibles de nouveaux
éclaircissemens; je répondrai aux objec-
tions qui auront pu être faites, avec dé-
cence et bonne-foi, contre telle ou telle
de mes *idées-mères*.

Je vois que la plupart des personnes
qui ont écrit avant moi sur le même
sujet, se sont attachées principalement à
demander une nouvelle loi des *élections*,
et une nouvelle loi concernant la *liberté
de la presse*. Ce sont là véritablement
deux besoins de première nécessité, et
je conçois l'unanimité des demandes qui
s'y rapportent : aussi entre-t-il dans mon
plan de traiter des élections et de la liberté de la presse.

Mais *je ne m'en tiens pas là*, s'il m'est

permis de répéter d'augustes paroles [1].
J'embrasse d'autres améliorations qui ne
me paraissent pas moins désirées par la
France royaliste, et dont quelques-unes
rendront même plus facile la présenta-
tion d'une bonne loi des élections.

Les yeux constamment fixés sur le
préambule de la charte, j'ai cherché ce
qui peut achever de *renouer la chaîne
des temps*, de *lier tous les souvenirs à
toutes les espérances*, de *consolider, pour
l'intérêt des peuples, les droits et les pre-
rogatives de la couronne* : j'ai consulté
le caractère français; je me suis de-
mandé, quels sont les *monumens vénérables des siècles passés* qu'il convien-
drait de ne pas laisser dans les décombres
dont la révolution a couvert notre sol.

. C'est pour arriver à ce but, que j'exa-
mine encore la situation de la France
sous les rapports suivans :

Administration générale du royaume ;

[1] Réponse de S. M. Charles X. à l'adresse de la
chambre des pairs. — 31 décembre 1824.

Administration des provinces en particulier;

Législation civile et criminelle;

Religion, affaires de l'Église;

Education publique, suivant le système qui la dirige actuellement.

Voilà, je pense, les différentes parties
du gouvernement de l'Etat qu'il est de
la plus haute importance de mettre en
parfaite harmonie avec l'esprit de la
charte, par des *améliorations* sur lesquelles j'ose appeler toute la sollicitude
du ministère actuel, et qui, indépen-
damment de leurs avantages politiques,
auraient celui de nous faire rentrer dans
un système d'économies bien autrement
sérieuses que celles dont on fit tant de
bruit, dans la session de 1829, au sujet
de la *salle à manger d'un ministre;* plus
sérieuses même que celles qui résulte-
raient *du licenciement des Suisses, des
gardes du corps et de la garde royale,*
comme de la suppression des *aumôniers
de régimens,* et d'une réduction *dans le
corps de la gendarmerie royale.*

Il faut espérer que les élections, dont
le jour s'approche, produiront une nouvelle chambre des députés qui jugera
digne d'elle de porter aussi toute sa sollicitude sur ces grands intérêts publics,
et de *concourir* au bien qui occupe sans
cesse le cœur du meilleur des rois. Serait-
il possible de craindre que les électeurs
restent insensibles à la belle et touchante
proclamation de Sa Majesté, qui leur
est envoyée aujourd'hui [1] ?... Non, non!...
Ils répondront par l'unanimité de leurs
votes à cet appel du trône ; ils résisteront
à toutes les intrigues du *comité-directeur*,
aux perfides insinuations des journaux
de la révolution ; ils refuseront leurs
suffrages aux *deux cent vingt-un*, et à
tout candidat connu par des opinions
anti-monarchiques ; ils comprendront
que la paix et le bonheur du royaume
dépendent d'une union indissoluble entre
tous les Français et le gouvernement du
Roi.

[1] Quatorze juin.

En ma qualité de magistrat de la cour royale de Paris, je crois pouvoir adresser quelques mots d'exhortation particulière aux électeurs des départemens qui forment le ressort de cette cour. — O vous! leur dirai-je, qui m'avez entendu quelquefois, dans le sanctuaire de la justice, vous expliquer vos droits et vos devoirs de *jurés*, vous aider à reconnaître les preuves, soit de la culpabilité, soit de l'innocence d'un accusé, souffrez qu'en ce moment solennel, où il s'agit peut-être d'éviter un ébranlement funeste de l'ordre social, je vous parle des devoirs que vous impose votre droit de voter dans les colléges électoraux. Ce droit est précieux pour vous, sans doute : il vous *associe*, jusqu'à un certain point, à la direction des affaires de l'État ; mais vous sentez que les devoirs qui en sont inséparables vous prescrivent de ne donner votre confiance qu'à des mandataires dont les vues politiques puissent s'accorder avec les vôtres. Vous ne voulez

que ce qui est l'objet des vœux de toute
la France, c'est-à-dire le maintien du
repos public et de nos libertés : vous
voulez donc qu'aucune atteinte ne soit
portée aux prérogatives, *aux droits sa-*
crés de la couronne, qui en sont la plus
sûre garantie ¹; vous ne nommerez donc
pas des députés qui abuseraient indigne-
ment de votre mandat, pour outrager
de nouveau la Majesté Royale, et pour
nous entraîner dans une affreuse anarchie. *Vous écouterez la voix de votre*
Roi ². Sa Majesté vous dit : *La nature*
du gouvernement serait altérée, si de
coupables atteintes affaiblissaient mes
prérogatives; je trahirais mes sermens,
si je les souffrais ³. Vous trahiriez vos
propres sermens, vous trahiriez le Roi
et la France, si vous acceptiez les can-
didats qui vous sont présentés par la fac-

¹ Proclamation royale.
² *Ibid.*
³ *Ibid.*

tion ennemic de la paix publique et du bon ordre. — Electeurs, du ressort de la cour royale de Paris, c'est à vous qu'il appartient plus particulièrement de donner l'exemple d'un loyal et ferme dévouement à l'autorité tutélaire *qui veille sur nos intérêts et sur nos libertés* [1]. Vous avez le bonheur d'habiter, pour ainsi dire, la *banlieue du trône :* chaque jour, vous ressentez, plus qu'on ne peut les éprouver au loin, les inépuisables bienfaits de la bonté du Roi et de son auguste famille, comme les résultats de l'activité que l'affluence des étrangers dans la capitale et les fêtes publiques donnent au commerce. C'est à vous, surtout, que semblent s'appliquer ces paroles : *A l'abri de son gouvernement, la France est devenue florissante et libre. Elle lui doit ses franchises, son crédit et son industrie. La France n'a rien à envier aux autres états, et ne peut aspirer*

[1] Proclamation royale.

qu'à la conservation des avantages dont *elle jouit* [1]. Votre position vous donne une plus grande part dans ces *avantages :* ne semble-t-il pas aussi que votre reconnaissance doit se manifester avec plus d'abandon et d'empressement?

Ainsi donc, je le répète, il faut espérer que nous aurons une nouvelle chambre des députés telle que le Roi la désire dans les graves circonstances qui donnent lieu aux élections.

S'il en était autrement!... Français, rassurez-vous! *Les desseins de ceux qui cherchent à propager des craintes échoueront, quels qu'ils soient, devant l'immuable résolution du Roi* [2].

S'il en était autrement!... J'oserais me permettre de rappeler au Roi, toujours pour moi *l'image de Dieu sur la terre*, ces paroles saintes dont l'oreille de Sa Majesté et de tous les *fidèles* fut frappée,

[1] Proclamation royale.
[2] *Ibid.*

il y a peu de jours, à la procession du
Saint Sacrement : *Surge*, *Domine*, *et
dissipentur inimici tui : fugiant qui ode-
runt te à facie tuâ* [1]. *Et justi.... exul-
tent in conspectu tuo*, *et delectentur in
lœtitiâ* [2]*!...*

Ce ne sont pas là des paroles de pro-
vocations aux mesures violentes : nous
n'avons pas besoin d'un *dictateur*, je
l'ai déjà dit ; il ne faut qu'user du pouvoir suprême et *permanent* dont la
royauté ne s'est point dessaisie en oc-
troyant la charte constitutionnelle, et
qu'au contraire elle s'est formellement
réservé par les articles 13, 14 et 50.
Ainsi, dans le cas que je suppose, le ministère actuel saura, sans sortir de l'*ordre
légal*, réduire la faction révolutionnaire
à l'impuissance de causer de nouveaux
troubles.

Oui, le ministère *choisi par le Roi*,
ce ministère contre lequel sont conjurées

[1] *Num.* 10. 35.
[2] Ps. 67. 4.

toutes les haines de la tourbe séditieuse
qui ose attaquer avec tant d'acharnement
les prérogatives de la couronne, se mon-
trera digne de la haute confiance qui l'a
fait appeler aux affaires dans ce temps de
forte épreuve. Nous avons déjà pour garans de sa fermeté, de sa capacité, de
sa sagesse, le *mépris* qu'il a montré jusqu'à présent pour les odieuses person-
nalités dont le feu roulant est dirigé
contre lui depuis près d'un an; le parti
qu'il a su prendre, le 19 mars, en présence d'une chambre hostile; l'activité
qu'il met à faire poursuivre et arrêter,
dans plusieurs départemens, les crimi-
nels incendiaires qui les parcourent; la
sévérité de plusieurs destitutions dont
viennent d'être frappés certains fonctionnaires publics, pris en flagrant délit
de trahison, ou de désobéissance.

Nous avons surtout pour garans des
actes à venir de ce ministère, la brillante
expédition d'Alger, dont les préparatifs
ont été dirigés avec une habileté et un

ensemble admirables, dont les résultats
doivent être si heureux pour le commerce
européen, comme sous le rapport de la
civilisation du nord de l'Afrique ¹. Ce

¹ Cette expédition, provoquée par une insulte
que la majesté d'un Roi de France ne pouvait laisser impunie, me paraît entreprise aussi dans des
vues de haute politique, auxquelles j'applaudis avec
d'autant plus de satisfaction, que je les trouve parfaitement conformes à mes propres idées. Voici ce
que j'écrivais en 1817 : « On s'étonne que, depuis
» si long-temps, les princes chrétiens soient insul-
» tés et bravés avec tant d'audace par les puissances
» barbaresques, qui pourtant n'ont qu'une force
» peu redoutable, sur terre comme sur mer, et qu'il
» serait bien facile de mettre une bonne fois à la
» raison. Ce ne sont point des demi-mesures, ce ne
» sont point des bombardemens périodiques de telle
» ou telle place, ni des traités aussitôt violés que
» signés, ni des tributs humilians, qui peuvent faire
» cesser pour toujours les pirateries de ces incom-
» modes voisins. Les expéditions partielles et mo-
» mentanées contre Tripoli, Tunis, Alger, ou au-
» tres villes de la côte de Barbarie, ont fourni
» quelques belles pages aux annales de la marine
» européenne; ces expéditions ont fait entrer au
» temple de la gloire un Pierre de Navarre, un Du-

que nous savons déjà du débarquement
et des premiers faits d'armes de l'armée
expéditionnaire, ne laisse aucun doute
sur le succès le plus complet, malgré les
sinistres *pressentimens* des ennemis du
ministère, qui, dans l'excès de leurs viles
passions, vont jusqu'à faire des vœux
pour que l'honneur du drapeau français
soit compromis.

On ne dira point, dans la circonstance
actuelle, que le ministère ait obéi à
contre-cœur aux volontés et aux ordres
du Roi, comme il arriva pour la guerre
d'Espagne en 1823 : S. E. le prince de
Polignac et tous les autres membres du
conseil ont su comprendre ce que l'ex-

_____

» quesne, un lord Exmouth : mais quels résultats
» durables en avons-nous obtenus pour la sûreté de
» notre commerce? — J'espère démontrer quelque
» jour la possibilité et la nécessité d'une mesure
» plus vaste dans son plan, plus utile dans ses effets,
» qui me paraît digne de toute la sollicitude de la
» SAINTE-ALLIANCE. » — *Nouveau Voyage dans
l'intérieur de l'Afrique*, ou *Relation de Robert
Adams*, etc. 1 vol. *in*-8.° 1817, page 303.

pédition d'Alger a d'important dans son objet, et de glorieux pour la France; S. E le comte de Bourmont, *ministre de la guerre*, a sollicité et obtenu la faveur inappréciable du commandement en chef, il est parti accompagné de ses quatre fils!... C'est ainsi que les bons Français se dévouent au service du Roi et de leurs pays!... Le comte de Bourmont sera vengé, d'une manière digne de lui, des insultes affreuses qui lui ont été prodiguées : il forcera ses ennemis au silence, ou du moins il pourra leur faire la réponse de Scipion l'*Africain!*...

Electeurs de 1830, c'est encore sous l'influence de la conquête d'Alger, qui va nous être annoncée, que je vous exhorte à respecter, à bénir l'autorité d'un roi dont le noble cœur est aussi jaloux d'augmenter notre gloire que de protéger nos libertés!

AVIS.

L'Auteur, pressé par le temps, se décide à publier séparément cette première partie ; la seconde paraîtra au moment de l'ouverture de la session des Chambres.

———————

IMPRIMERIE DE BÉTHUNE, RUE PALATINE, N° 5, A PARIS.

www.ingramcontent.com/pod-product-compliance
Lightning Source LLC
Chambersburg PA
CBHW050021100426
42739CB00011B/2736